Von Mensch zu Mensch

Harald Bischof

Von Mensch zu Mensch

Bibliografische Information der Deutschen Nationalbibliothek
Die Deutsche Nationalbibliothek verzeichnet diese Publikation in der
Deutschen Nationalbibliografie; detaillierte bibliografische Daten sind
im Internet über http://dnb.d-nb.de abrufbar.

© 2007 Harald Bischof
Satz, Umschlagdesign, Herstellung und Verlag:
Books on Demand GmbH, Norderstedt
ISBN 978-3-8334-8484-1

Inhalt

Vorwort

Mit knapp 42 Jahren Lebenserfahrung sollte man nicht der Ansicht sein, dass man andere Menschen beurteilen oder einschätzen könnte. Es wäre selbst vermessen zu glauben, den Menschen allgemein, mit seinen Begabungen, Fehlern und Gefühlen zu erörtern. Trotzdem wage ich es, mit der Gewissheit, dass ich sicherlich in manchem Punkt mit dem Widerspruch von mancher Leserin und manchem Leser rechnen muss. Die gesamten Themen können halt nicht allgemein abgehandelt werden. Ich kann hier nur meine Sichtweise zum Ausdruck bringen.

Warum schreibe ich ein Buch über diese Thematik? Vielleicht ist es nur ein Versuch, mich selbst zu erkennen und zu verstehen. Den Leserinnen und Lesern möchte ich die Möglichkeit geben, beim Lesen ihr eigenes »Ich« zu finden. Ich möchte sie zum Nachdenken und Umdenken animieren.

Sicherlich kann sich niemand davon freisprechen oder behaupten, dass er noch nie Dinge getan hat, die er im Nachhinein als Fehler erkennen musste und bitter bereute. Mit den menschlichen Taten ist es aber nicht so, wie mit einer Aufnahme eines Liedes auf einen Tonträger, dass sich einfach löschen oder zurücknehmen lässt. Die Handlung eines Menschen oder ein gesagtes Wort sind für immer getan und gesagt. Man kann sie nicht zurücknehmen. Sie sind positiv oder negativ, sind unverzeihlich oder werden belächelt und führen ins Unglück oder uns ans Ziel unserer Träume. Dies hängt davon ab, wie unsere Handlungen und Worte durch andere Personen aufgefasst werden. Dabei sind Missverständnisse niemals ganz auszuschließen.

Der Mensch ist voller Wünsche und Träume. Auch mir geht es so, dass ich mir Dinge erträume und ich mich in meiner eigenen Traumwelt auf die Reise durch die Phantasie wieder finde. Es ist so, als erlebe man seine eigene, ganz persönliche, »Unendlich Geschichte«. Je tiefer man träumt, desto schmerzhafter ist das Erwachen. Die Realität schlägt oft erbarmungslos zu und lässt unsere Träume zerplatzen, wie Seifenblasen. Der Traum ist eine befristete gedankliche Wirklichkeitsflucht, an dessen Ende eine unendliche Leere auf uns wartet. Es ist eine Leere, die seelische Wunden zurücklassen kann. Diese lässt uns traurig oder depressiv auf andere Menschen wirken. Trotzdem träumen wir weiter.

Der Traum setzt dort ein, wo das Erreichen des Wunsches in der Wirklichkeit nicht mehr möglich ist. Durch das Träumen verdrängt der Mensch die Wirklichkeit, denn der Traum erreicht jedes Ziel. Er kennt kein »Nein!«. Dadurch, dass wir träumen, belügen wir uns selbst. Dies wird aber niemand zugeben.

Harald Bischof

1. Was sind Menschen?

Menschen sind, ganz allgemein gesagt, Lebewesen, die die Fähigkeit des Denkens und Entwickelns und Zeigens von Gefühlen und Stimmungen besitzen. Sie können selbständig Handlungen ausführen, die sie sich in Lernprozessen angeeignet haben.

Der Mensch erhält seine Art. Er zerstört sie aber auch durch Erfindungen, die sich aus seinen Gedanken entwickelt haben. Der Mensch gilt als die intelligenteste Lebensform. Stimmt dies so? In einigen Punkten und Situation kann man diese Aussage sicherlich in Frage stellen.

Wagen wir einmal den Vergleich mit den Tieren. Kein Tier käme auf die Idee, sich selbst oder seine Art durch Handlungen in seiner Existenz zu gefährden. Hier bietet sich der oft genannte Vergleich förmlich an, dass keine Maus auf die Idee käme, eine Mausefalle zu entwickeln. Der Mensch hingegen erfindet immer wirkungsvollere Massenvernichtungswaffen und gefährdet sich dadurch selbst. Tiere töten aus Hunger – Menschen aus Hass, Wut oder Habgier in Form von Kriegen oder Mord.

Der dritte Vergleich beleuchtet das Zusammenleben. Viele Tierarten führen ein Herdenleben. Es gibt dann keine Ausgrenzungen und ein starkes Zusammengehörigkeitsgefühl. Bei den Menschen gibt es schon große Probleme, wenn drei Generationen unter einem Dach leben. Es gibt Menschen, die ausgegrenzt werden, wie ich aus eigener, leidvoller Erfahrung (Neurodermitis, Ichthyosis) weiß.

Meine Schulzeit, vor allem von der 6. bis zur 9. Klasse, war für mich sehr schwer. Ich wurde gehänselt, beleidigt und ausgegrenzt. Kinder können grausam sein! Sie können aber noch nicht richtig einschätzen, wie sehr sie jemanden damit verletzen können. Viel erstaunlicher war für mich, dass diese Aktionen gegen mich auch im Unterricht vor den Lehrkräften stattfanden, ohne, dass diese eingriffen. Sie ermahnten nur zur Ruhe und setzten den Unterricht fort. Sie wählten den Weg, der am bequemsten ist: Augen zu, wegsehen und weghören, bloß nicht eingreifen. Es geht mich ja nichts an.

Ich war ihnen nicht böse, aber enttäuscht. Heute habe ich ihnen verziehen. Ich habe einfach nur Mitleid mit ihnen. Wegschauen ist nämlich ein Zeichen von Schwäche, da man sich in der Situation überfordert fühlt oder gleichgültig ist. Das Wegschauen ist allgemein ein großes Problem. Leider ist es so, dass viele zuerst denken: »Was habe ich davon, mich einzusetzen? Was bringt mir das?« Man denkt zuerst an sich und seinen Vorteil.

Zeitweise geht die Unterdrückung aber noch viel weiter. In manchen Fällen fehlt sogar jegliche Form von Menschlichkeit. Es gibt Länder, wo jegliche Menschenrechte außer Kraft gesetzt wurden. Die Menschen dort leben in unwürdigen Verhältnissen, ohne jegliche Rechte. Sie kämpfen dagegen an und träumen von Freiheit und Menschlichkeit, die für sie gestorben scheint. Dies gibt es aber auch in unserem eigenen Umfeld. Auch da gibt es Menschen, die extrem leiden, obwohl sie ein Leben lang zusammen sein wollten und von Liebe reden. Ich rede von Gewalt gegen Frauen. Darauf gehe ich in einem späteren Kapitel noch ausführlich ein. Viele dieser Frauen ergeben sich ihrem Schicksal. Sie haben aufgegeben.

Ist also der Mensch die intelligenteste Lebensform? Man könnte es bestätigen, wenn man die ganzen Technologien betrachtet, die er erfunden hat. Sie erleichtern uns das Leben und die Arbeit. Allerdings muss man auch sehen, dass sich der Mensch durch Maschinen und Roboter in der Arbeitswelt mehr und mehr überflüssig macht. So sind wir Menschen.

Es wäre schön, wenn wir das Wort Menschlichkeit wieder leben würden. Damit meine ich nicht nur die Einhaltung der Grund- und Menschenrechte, sondern auch die kleinen Dinge, wie freie Meinungsäußerung und das Recht, so zu sein, wie man ist. Jeder Mensch hat seine Talente, Fehler, Gebensweise und Eigenarten. Warum versucht man, ihn zu ändern? Erwartet nicht jeder von uns, in Bezug auf die eigene Person, dass man so akzeptiert wird, wie man ist? Wir sollten lernen, uns auf anders denkende und handelnde Menschen einzustellen und nicht gleich zu sagen: »Die / der ist nicht wie ich! Mit der / dem will ich nichts zu tun haben!«. Meine Einstellung ist, jeden Menschen so zu akzeptieren, wie er ist, ohne ihn ändern zu wollen. Akzeptieren heißt nicht, gleicher Meinung zu sein oder Recht zu geben. Man kann unterschiedlicher Meinung sein und sich trotzdem verstehen, durch Toleranz. Jeder hat das Recht seine Meinung zu vertreten. Einander zu verstehen und dem Anderen die Rechte einräumen, die man für sich selbst einfordert, heißt, einander näher kommen und das vergessene Wort Menschlichkeit zurück zu gewinnen. Dies setzt aber immer wieder Toleranz und Miteinanderreden

voraus. Wenn Jeder mit Jedem reden würde, seine An-
sichten akzeptiert und ihn als Mensch behandelt, dann
könnte diese Welt schöner werden. Dieses Ziel scheint
aber unerreichbar weit entfernt zu sein. Es liegt an uns,
dies Ziel zu erreichen. Daran sollten wir arbeiten.

Vielleicht sind wir Menschen aber auch nur eine, in
ihrer Entwicklung außer Kontrolle geratene, schlechte
Erfindung, die sich nicht mehr zurücknehmen lässt.

2. Der Mensch als Waffe

Der Mensch sehnt sich nach Frieden und Liebe. Er möchte, dass unter allen Menschen der Welt, aus allen Ländern, Verständnis und Toleranz gegeben ist. Mit Kopfschütteln und Verständnislosigkeit reagieren wir auf Medienberichte über Morde und Kriege. Ein jeder kennt aber die Situation, vielleicht sogar aus eigener Erfahrung, dass man nicht in der Lage ist, mit nur einer Person Frieden zu halten – nur, weil er /sie anderer Meinung ist. Dies gilt schon im kleinsten Maße bei Streitigkeiten und Meinungsverschiedenheiten zwischen Familienangehörigen und Ehepartnern. In diesen Bereichen sollte wirklich jeder Mensch den Weg des ruhigen miteinander Redens wählen. Wenn wir es nicht schaffen, Streit in der eigenen Familie zu vermeiden, weiß ich nicht, mit welchem Recht wir fordern, dass sich die Menschen unterschiedlicher Nationalitäten verstehen, ohne Krieg zu führen. Da müssen wir mit gutem Beispiel vorangehen. Man kann nur fordern, was man selbst geben kann. Friedliches Zusammensein auf der kleinsten Ebene (Familie) ist die Grundlage zum Erreichen von Menschlichkeit und von Frieden. Mit welchem Recht sagen Eltern zu ihren Kindern: »Schlagt euch nicht!«, wenn sie es selbst in Extremsituationen tun? Wenn die Kinder darauf ohne Verständnis reagieren, brauchen wir uns darüber wirklich nicht zu wundern. Gerade junge Kinder sehen ihre Eltern in gewisser Weise doch als Vorbild an, deren Verhalten sie als richtig ansehen und dadurch ihren Eltern nacheifern und es ihnen gleichtun. Wir müssen ihnen

Toleranz vorleben. Da sind wir ihnen gegenüber in der Pflicht. Deshalb sprach ich eingangs auch davon, dass man über alles ruhig miteinander reden soll.

Denn meiner Meinung nach ist

1. das ruhige Miteinanderreden immer der richtige Weg. Schreien ist lediglich ein Zeichen von Schwäche. Durch das laute Schreien versucht die Person, ihre Meinung durch Lautstärke durchzusetzen, weil sie merkt, dass die Argumente nicht mehr den gewünschten Erfolg bringen.

2. Gewalt ist immer der falsche Weg. Gewalt zerstört jegliche Möglichkeit, doch noch zu einer möglichen Einigkeit zu kommen.

Immer wieder gibt es Fälle, in denen bestimmte Personen oder Gruppen auf Gewalt setzen und dadurch Hass säen. Wo Worte keine Überzeugungskraft mehr besitzen oder einfach, um eine andere Person zu einer anderen Meinung zu zwingen, setzen diese Personen / Gruppen auf Gewalt.

Ein ganz anschauliches und extremes Beispiel für Gewalt zwischen rivalisierenden Gruppen bietet hierfür der Sport (Fußball). Im Jahre 1985 im Brüsseler Heyselstadion (Belgien) eskalierte diese Gewalt auf das höchste Maß, das ich jemals miterlebt habe. Im Endspiel des Fußball– Europapokals standen sich die Mannschaften von FC Liverpool (England) und AC Turin (Italien) gegenüber. Bereits vor Spielbeginn trafen beide Fangruppen aufeinander. Die Fangruppen schlugen in brutaler Art und Weise und aus böswilliger Absicht aufeinander ein. Dies geschah alles nur, weil sie für unterschiedliche Mannschaften sympathisierten. Kann das ein Grund sein? Durch die in brutalster Form angewandte Gewalt und die dadurch entstanden Panik fanden viele Menschen den Tod.

Während der Ereignisse fand der Reporter der Live – Übertragung die Worte, dass sich die »so genannten« Fans benommen haben, wie die Tiere. Meiner Meinung nach entspricht dies nicht der Wahrheit. Im Gegenteil dazu empfinde ich es als Beleidigung für die Tiere. Sie sind da intelligenter, als wir Menschen. Sie töten nicht aus primitiven Hassgedanken.

Eine weitere »Waffe« des Menschen sind Worte. Normalerweise wurden uns diese als Verständigungsmittel gegeben. Der Mensch muss sie als Verständigungsmittel im richtigen Moment, zum richtigen Zeitpunkt anwenden. Er muss sie, der Situation angepasst, sinnvoll verwenden. Ein falsches Wort im falschen Moment kann sehr verletzend sein. Deshalb sah ich in gewisser Weise Worte als gefährliche Waffe an, wenn sie falsch eingesetzt werden. Worte können zutiefst verletzen, ohne zu töten. Sie können alles zerstören und selbst, im schlimmsten Fall, langjährige Partner für alle Zeit trennen.

Worte können als Lob gemeint sein, aber auch – bewusst oder unbewusst – sehr beleidigend sein. Worte können Gespräche ergeben, die uns einer Person näher bringen. Sicher ist es schwer, immer das richtige Wort im richtigen Moment zu finden. Dazu gehört viel Fingerspitzengefühl. Darüber hinaus gehört dazu, in Fällen, in denen es um Liebe geht, viel Geduld, um den richtigen Moment abwarten zu können. Doch gerade in Situationen der Liebe ist das Wort der der richtige Weg. Schweigen wäre hier falsch – aber manchmal rücksichtsvoller – vor allem, wenn die »große Liebe« bereits vergeben ist. Eigentlich wäre hier Schweigen der falsche Weg. Denn irgendwann beginnen wir, den vergebenen Situationen nachzutrauern und alle bis dahin ungesagten Worte endlich aussprechen zu wollen. Dann kann es aber zu spät sein.

Zum Thema Liebe kommen wir aber später noch, in einem anderen Kapitel, ganz ausführlich.

3. Jugendliche – fehlendes Selbstbewusstsein?

Wenn man sich in der heutigen Zeit umhört, so stoßen wir oft auf die Meinung von Erwachsenen, dass die heutige Jugend mehr und mehr zum Problemfall wird. Die Erwachsenen sehen die Jugendlichen als interessenlos an. Sie bemängeln bei ihnen das fehlende Selbstbewusstsein. Ferner verwenden ältere Menschen mitunter im Zusammenhang mit Jugendlichen Schlagworte wie Alkohol, Drogen, Brutalität, Gewalt und kein Respekt vor älteren Menschen, bis hin zu Missachtung dieser. Umgekehrt sehen Jugendliche ältere Menschen als verständnislos, altmodisch und »uncool« an.

Der Unterschied in der Denkweise und des Handelns scheint unüberbrückbar groß geworden zu sein. Es gibt nur noch wenige Gemeinsamkeiten zwischen den beiden Altersgruppen. Ein Zusammengehörigkeitsgefühl ist selbst in Familien kaum noch feststellbar. Es scheint so, als könnten beide Altersgruppen nur noch negativ über die Andere reden. Ist dies gerechtfertigt? Ich habe dazu meine Meinung.

A: Jugendliche reden schlecht über Erwachsene:

Dies sehe ich weitest gehendst als falsch an. Erwachsene verfügen über die weitaus größere Lebenserfahrung. Von daher sollten sich Jugendliche nicht das Recht herausnehmen, Erwachsene zu kritisieren. Aufgrund mangelnder Erfahrung können sie in manchen Punkten nicht mitreden. Jugendliche sollten sich die Meinung der

Erwachsenen anhören und akzeptieren. Wie ich bereits sagte, heißt »akzeptieren« für mich:

- nicht gleicher Meinung zu sein oder der Person Recht zu geben. Es heißt, dem Anderen das Recht zu geben, seine Meinung zu äußern und diese anzuhören, auch wenn man selbst anderer Meinung ist und diese zu dulden.

B: Erwachsene reden schlecht über Jugendliche:

Hier könnte man sagen, dass es manchmal gerechtfertigt ist. Sehr häufig kennt man aber die Hintergründe nicht, die zu Fehlverhalten von Jugendlichen führen. Unter Berücksichtigung sozialer und gesellschaftlicher Aspekte ergibt sich für den Betrachter in vielen Fällen ein geändertes Bild.

Viele Jugendliche sind arbeitslos. Viele hatten nicht einmal die Möglichkeit eine Lehrstelle zu bekommen. Der Anteil derer, die aus sozial schwachen Familien kommen ist dabei sehr hoch. Es klingt wie ein Vorurteil, entspricht aber leider der Realität. Sie sehen in der Arbeitslosigkeit ein unüberwindbares Problem und flüchten sich in Alkohol und Drogen. Dies ist sicherlich Problembewältigung auf falsche Art. Dies kritisieren die Erwachsenen. Die Folge von Alkohol und Drogen kann die bewusste oder unbewusste Gewalt gegenüber anderen Menschen sein. Mit dieser reagieren diese Leute ihre Unzufriedenheit und Wut über ihre eigene Situation gegenüber ihren Mitmenschen ab.

Global gesehen, gerade in den Entwicklungsländern, ist Kinderarbeit sehr verbreitet. Da arbeiten Kinder für die Familie. Hier kommt ein Punkt hinzu, den ich in aller Deutlichkeit einmal anprangern muss! Es gibt Länder, wo Hunger und Elend herrschen. Die Menschen dort kämpfen tagtäglich um das nackte Überleben. Auf der anderen Seite gibt es Wohlstand und Überproduktion. Während jährlich Unmengen an Nahrungsmitteln vernichtet werden, sterben anderswo Menschen an Hunger. Dafür fehlt mir jede Logik. Trotzdem rufen wir zu Spendenaktionen auf, anstatt für eine sinnvolle Verteilung der überproduzierten Warengüter zu sorgen. Worin liegt da der Sinn?

Kommen wir aber zurück auf den angesprochenen Punkt der Problembewältigung auf falsche Art: Alkohol und Drogen. Diese kann zur Abhängigkeit und zum Tod führen. Das ist jedem bewusst. Nichtabhängige reden über diese Leute, leider aber nicht mit ihnen. In vielen Fällen erkennen sie die Gründe nicht. Sie stellen alle Betroffenen auf eine Stufe und unterscheiden nicht zwischen freiwilliger und unfreiwilliger Abhängigkeit. Die Hilfe für Abhängige liegt in den Händen einiger weniger Institutionen.

Was meine ich mit unfreiwillig? Das möchte ich hier nun gerne an einem persönlichen Beispiel erklären. Ich erinnere mich an meine Kindheit. Es geht um meine Eltern, vor Allem um meine Mutter, die dieselben Krankheiten (Neurodermitis und Ichthyosis) hat, wie ich. Wie bei mir, ist es bei ihr erblich bedingt gewesen, wie uns einige Ärzte sagten. Meine Mutter war nur einmal verheiratet. Sie verstarb kurz vor der Goldenen Hochzeit mit meinem Vater. Ich bin meinen Eltern dankbar. Ohne sie würde es mich nicht geben.

Meine Mutter hatte über all die Jahre aber ein sehr schweres Leben. Sie ergab sich ihrem Schicksal. Mein

Vater trank. Bewusst daran erinnern kann ich mich daran, seit ich acht Jahre alt war. Mein Vater hat meine Mutter nie geschlagen, aber täglich angeschrieen und ihr das Gefühl gegeben, nichts wert zu sein. Nach Jahren der Erniedrigung und Demütigung begann meine Mutter damit, auch zu trinken. Von dem Zeitpunkt an hat mein Vater sie akzeptiert. Sie war wie er.

Diese Kindheit prägte mich. Sie hat meine Denkweise und mein Handeln sehr beeinflusst. Dies Beispiel zeigt, dass man durch Ausweglosigkeit selbst in Abhängigkeit geraten kann. Diesen Menschen sollten wir versuchen durch Gesprächen zu helfen, statt sie zu verurteilen und gesellschaftlich auszugrenzen. Es sollte uns sensibilisieren. Wir sollten Hilfe anbieten. Ausgrenzen und ablehnen wäre der falsche Weg.

Wir waren aber bei den Jugendlichen. Fehlt ihnen wirklich das Selbstbewusstsein? Viele Erwachsene denken so. Leider gibt es aber Situationen, wo gerade Erwachsene die Jugendlichen fehlleiten. Da gibt es Leute, die die Ausweglosigkeit ausnutzen, um neue »Feindbilder« zu schaffen (z. Bsp. Ausländer). Man suggeriert den Jugendlichen, dass diese Schuld an der eigenen Lage (z. Bsp. Arbeitslosigkeit) sind. Leider wird ihnen geglaubt. Einer macht den Anfang und Alle laufen mit. Leider haben wir da aus der Geschichte nicht gelernt, wohin das führen kann!

Wie gesagt, gibt es noch eine Form, wie Menschen ihre Probleme bewältigen wollen: es ist der Traum.

Viele, gerade junge Menschen, haben ihr Idol. Das kann ein Schauspieler, Sänger, Sportler etc. sein. Hier ist aber wieder die begrenzte Wirklichkeitsflucht zu verzeichnen, an dessen Ende ein schmerzhaftes Erwachen auf uns wartet. Das Erwachen ist die Realität, die uns einholt. Der Traum von Ruhm, Ehre, Erfolg und einer besseren Welt erwacht in uns aber immer wieder. Bedrohlich wird es dann, wenn man anfängt, Traum und Wirklichkeit nicht mehr voneinander trennen zu können, wenn die Grenzen verschwimmen. Wenn man sich im wirklichen Leben wie sein Idol verhält, wird man dadurch keine Probleme beseitigen können. Man erreicht nur einen einzigen negativen Erfolg: man verliert sein »Ich« und damit sich selbst und seine Persönlichkeit. Diese, von der jeweiligen Person, zum Idol erhobenen Menschen, sind für uns Hoffnungsträger. Sie lassen uns auf eine bessere Welt und auf Verbesserung der eigenen Situation hoffen. Man hat sogar wieder Mut zu glauben, dass die eigene Situation sich verbessern kann. Stellt sich die Verbesserung aber nicht ein, so sinkt der Mut. Wenn die Mutlosigkeit zu groß wird, kann es zu extremen Kurzschlusshandlungen (Selbstmord) kommen, da die betreffende Person an sich selbst nicht mehr glaubt und sich aufgibt.

Aus diesem Grund könnte man den Jugendlichen fehlenden Selbstbewussten unterstellen. Der richtige Weg wäre es, sich jeden Tag der Realität zu stellen, statt zu träumen. Träume wird es aber immer geben, auch bei älteren Menschen. Sollten wir deshalb behaupten, dass auch sie einen Mangel an Selbstbewusstsein haben? Ich glaube nicht, wie auch bei jungen Menschen. Man sollte vielleicht sagen, dass Jugendliche Hoffnung aus Träumen erhalten. Allerdings müssen sie lernen, den Bezug zur Realität nicht zu verlieren.

4. Hoffnung und Mutlosigkeit

Das sind zwei Worte, die trotz ihrer unterschiedlichen Bedeutung, sich nicht ausschließen. Das eine führt zum anderen. Verliert man die Hoffnung, dann erwacht die Mutlosigkeit. Hat man einen Moment des Glücks, so erwacht die Hoffnung auf Besserung der eigenen Situation. Die Hoffnung treibt uns an: Hoffnung auf Arbeit, Glück, Gesundheit, Erfolg und die große Liebe. Dies motiviert uns. Wir sind zuversichtlich.

Bleibt der Erfolg aus, gerät der Mensch an den Punkt, an dem ihn eine schwere Traurigkeit überkommt, die Mutlosigkeit. Er ist geneigt, aufzugeben. Ihm erscheint alles sinnlos zu sein. Er redet sich selber ein, dass ihm nichts gelingt. Er stellt schlimmstenfalls alle Bemühungen ein, seine Lebenssituation zu verbessern. An diesem Punkt angekommen, braucht er die Hilfe von Freunden, Bekannten und Verwandten, die ihm Halt geben, ihn aufbauen und Mut machen. Sie sind nun seine Hoffnung, aus dem »Tal der Tränen«, in dem er sich befindet, wieder herauszukommen. Allein kann er es nicht schaffen. Fehlt dieser Halt, so kann es wieder zur so genannten Problembewältigung auf falsche Art führen: Alkohol und Drogen. Im schlimmsten Fall, – er isoliert sich selbst, bis hin zu Selbstmord.

Leider fehlt oft die Hilfe, da es eine gewisse Gleichgültigkeit gibt. Außenstehende sagen oft: »Was interessieren mich die Probleme von anderen Menschen?« Wird jemand, der Hilfe sucht, so abgelehnt, zieht er sich noch mehr zurück. Ein einfaches Gespräch, einfach nur zuhören, kann ein Anfang sein, einem Menschen Mut zu machen. Leider vergisst man schnell, wenn es einem selbst gut geht, dass man selbst einmal in die Situation geraten kann, wo man Hilfe braucht. Der Mensch braucht die Hoffnung. Sie ist eine Art Lebensgrundlage. Es gibt viele Wege der Hoffnung. Der wichtigste Weg sind wir Menschen. Wir sollten Hilfe anbieten. Weitere Wege sind der Traum, der aber wieder eine befristete Wirklichkeitsflucht ist, und der Glaube an Gott. Den letzten Punkt möchte ich nun im nächsten Kapitel ausführlicher ansprechen.

5. Der Mensch und die Religion

Vorab möchte ich eines sagen: in diesem Kapitel rede ich von Gott. Dies geschieht aus meiner Sicht, da ich römisch – katholisch bin. Dies heißt aber nicht, dass ich andere Religionen ausschließe. Ich akzeptiere auch Gott Jehova und Allah etc., da jeder Mensch das Recht auf seinen Glauben hat. Es spielt keine Rolle, ob er die Bibel oder den Koran liest. Jeder hat das Recht, seinen Gott zu wählen, dem er seine Sorgen anvertraut. Durch die Kultur, in der man lebt, sind globale Unterschiede völlig normal.

Viele Menschen glauben an Gott. In Gebeten vertrauen sie ihm ihre Sorgen und Probleme an. Er hört uns zu. Er ist immer für uns da. Wie stark sind aber der Glaube und das Vertrauen in die Religion? Die Meinung hierüber ist sehr unterschiedlich. Sie wird durch die soziale und wirtschaftliche Struktur im Heimatland des Gläubigen geprägt.

a.) in Ländern, wo eine menschenverachtende Diktatur / Rassenhass, Armut herrscht: Hier ist die Kirche Zufluchtsort für die Gläubigen. Sie ist der Hoffnungsträger für ein menschenwürdiges Leben, für das Ende der Qual und der Unterdrückung. In diesen Ländern glaubt man noch an Gott. Gott ist für sie der Erretter, der alles Böse in Gutes umwandeln kann. Man hofft auf die Hilfe einer Person, die niemand gesehen hat. Ist dies aber nicht auch eine Wirklichkeitsflucht? Erträumt man sich dadurch nicht eine Art Idol?

b.) in Wohlstandsstaaten: Hier ist der Glaube an Gott, vor allem bei jungen Menschen, fast vollständig verloren gegangen. Das liegt an dem vielfältigen Lebensangebot. Die religiöse Einstellung insgesamt ist völlig anders. Es gibt für die betreffende Person keine Unterdrückung und Armut. Hierdurch gibt es keinen Anlass, einen Hoffnungsträger zu benötigen. Daher ist dort die Meinung: »Was brauche ich Gott? Mir geht es gut!«. Das ist deren Meinung.

Andere gehen sogar soweit, dass sie in der Religion eine Marktlücke sehen, die von »findigen« Leuten, die sich Priester, Pastoren etc. nennen, ausgenutzt wird, um damit Geld zu machen und die Menschheit für dumm zu verkaufen. Sie glauben nur an das, was sie sehen. Bei älteren Menschen, die die Not der Kriegsjahre kennen, ist der Glauben an Gott stärker vorhanden. Erst in extremen Notsituationen heißt es: »Herr, hilf mir!«. So kann man sagen, dass es die Not ist, die uns Gespräche mit Gott führen lässt. Die Angst treibt uns zu Gott, der dann Hoffnungsträger für uns ist.

Irgendwo scheint dies aber das Erträumen einer fiktiven Person zu sein, um Halt im Leben zu finden – einer Person, dessen Existenz nicht gänzlich bewiesen ist. Haben wir hier also wieder das Erträumen einer Traumwelt? Dies kann man wohl nicht allgemein beantworten. Dies muss jeder für sich selbst beantworten, wobei die Meinung wohl weit auseinander geht. Gerade ältere Menschen – vielleicht ein Vorurteil – sind die gläubigsten Menschen. Sie sehen in Gott einen Ansprechpartner, dem sie in ihren Gebeten ihre Sorgen und Nöte mitteilen, da sie sonst niemanden haben, der ihnen zuhört. Sicherlich sind ältere Menschen die Menschen, die den Glauben nicht verloren haben, da sie Situationen der

Entbehrung und Not selbst erlebt haben. Sie hoffen, dass sich eine solche Zeit für sie nie mehr wiederholen wird. Sie sind es auch hauptsächlich, die fest daran glauben, dass sie nach ihrem Ableben auf der irdischen Welt in einer besseren Welt weiterleben werden. Von daher könnte man bei der Religion von einem Generationskonflikt reden. Der Anschein entsteht, dass man, je älter man wird, mehr an Gott glaubt.

Zum Abschluss muss ich hier noch auf andere Religionen eingehen. Da gibt es ein großes Vorurteil. Viele weibliche Muslime tragen ein Kopftuch. Da rede ich nicht vom Zwang, sondern aus Überzeugung. Hier in Deutschland kritisieren dies viele Menschen. Ich finde es falsch. Vielmehr möchte ich diese Personen in ihrem Glauben bestärken. Lebt euren Glauben aus. Ihr habt, wie jeder Christ, das Recht dazu. Nur durch Akzeptanz können wir hier global ein besseres Miteinander schaffen, wobei ich aber auch jede radikale Durchsetzung verurteile, egal von welcher Seite.

6. Das Leben – der Tod – und danach?

Das Leben und der Tod, zwei Begriffe, ein Zusammenhang. Das eine führt zum anderen. Es sind nicht irgendwelche Begriffe. Es sind unabänderliche Geschehnisse, denen wir uns ab der Geburt gestellt haben. Wir alle werden einmal sterben. Es ist ein biologischer Prozess, dem wir uns nicht entziehen können.

Jedes neugeborene Kind hat das Recht zu leben, aber auch die traurige Pflicht, einmal zu sterben. Das Leben ist nun leider für keinen Menschen unendlich. Der Mensch hat die Pflicht zu leben. Jetzt weiß ich, dass ich provokant bin. Hat er dann nicht auch das Recht zu sterben, wann er will? Ich befürworte keinen Selbstmord. Sollte man aber nicht auch über diese Frage nachdenken? Dies Recht wird ihm verwehrt. Ich denke da an Menschen, die unheilbar krank sind – Sterbehilfe.

An dieser Stelle sei mir ein persönliches Wort an meine Leser(innen) erlaubt. Ich bin mir bewusst, dass dies Thema wohl die meisten widersprüchlichen Meinungen hervorrufen wird. Dies Thema kann nicht allgemein abgehandelt werden. Ich kann hier nur meine Meinung äußern, für die ich eintreten werde.

Das Leben: Es ist das tägliche Erleben von Ereignissen, die zum Teil durch uns selbst herbeigeführt, auf uns einströmen. Das Leben ist schön, ereignisreich, traurig oder leer. Es gibt sicherlich noch unzählige Worte, um diese Kette weiterzuführen. Aber, was ist das Leben, im Gegensatz zu dem Wort »Leben« nun wirklich? Das Leben beginnt mit der Geburt. Man wird geboren, um irgendwann – an einem unbekannten Ort, zu einer unbekannten Zeit, in einer unbekannten Art – zu sterben. Da sind wir gleich, egal wie viel Geld wir haben. Leben heißt in gewisser Weise also: Warten auf den Tod, der die Erfüllung des Lebensziels bedeutet und die Erreichung der Lebensaufgabe beinhaltet. Der Tod ist die Erfüllung des Rechts zu leben. Das Leben wird mit der Pflicht bezahlt, einmal zu sterben.

Wir feiern die Geburt eines Menschen mit Freude und beweinen in tiefer Trauer die Toten. Ist das aber richtig? Wäre es nicht umgekehrt logischer? Durch die Geburt, die wir mit Freude wahrnehmen, setzen wir den neuen Erdenbürger Gefahren, Krankheiten, Hass, Gewalt, Glück, Liebe, Zukunft etc. aus. Er hat all dies vor sich. Niemand kann ihm sagen, ob sich sein Leben positiv oder negativ gestaltet und wie sich die Lebenssituation auf der Erde entwickelt.

Der Tod, den wir beweinen, nimmt alles Schöne. Gleichzeitig erlöst er den Menschen aber von allen Qualen und Schmerzen, von Furcht und Angst. All die vielleicht noch bevorstehenden negativen Entwicklungen seiner eigenen Situation und der, auf der Erde, bleiben ihm erspart. Der Tod nimmt alle Sorgen von uns (Was bringt der neue Tag? Bleibe ich gesund? Gibt es Kriege? usw.). Ist nicht also der Tod ein großer Grund zur Freude, die Erfüllung der Daseinsfunktion zu feiern?

Vielleicht sollten wir das ganze Leben eher als eine Schule für den Tod ansehen, als Vorbereitung auf den Tod, der, wie viele glauben, in einem zweiten Leben weitergeht. Dient vielleicht unser erstes, reales Leben auf dieser Welt dazu, unsere Fehler und Schwächen aufzudecken, um diese im zweiten Leben zu vermeiden? Man ist froh über jeden Tag, den man auf dieser Welt verbringen darf. Jeder Tag bringt uns Zielen näher, z. Bsp. bis zu einem Besuch oder Urlaub.

Das Leben ist auch eine Art Urlaub. Urlaub von der Ewigkeit. Die erwartet uns alle einmal. Vielleicht ist das Leben aber auch eine Aneinanderkettung von Missverständnissen, die zu Problemen führen, die uns dann das Leben schwerer machen. Ich kann hier nur Denkanstöße geben. Jeder muss für sich allein entscheiden, was Leben für ihn heißt und was er / sie daraus macht.

Der Tod: Der Tod ist die Erlösung und das Ende. Der Tod ist der Sieg über das Leben. Der Tod ist das endgültige Ende. Der Tod ist für viele Menschen ein bedrohliches Ereignis, das plötzlich und unerwartet eintrifft. Wir stehen ihm unvorbereitet gegenüber. Der Mensch neigt allgemein dazu, das Gute und Erfreuliche zu sehen und für sich zu erhoffen. Dennoch bringt uns jeder Tag, der vergeht, dem Tod einen kleinen Schritt näher – unabänderlich und unaufhaltsam. Der Tod ist die Antwort auf die Frage: »Was kommt danach?«. Er beendete alle Probleme, aber auch alles Schöne. Er bringt uns Ruhe und Stille.

Jeder hat sich schon einmal, bewusst oder unbewusst, Gedanken darüber gemacht – auch ich. Sicherlich ist der Gedanke an den Tod keine angenehme Sache. Aber irgendwie erweckt er auch Neugier auf das, was uns danach erwarten könnte. Es kann ja sein, dass uns dann unsere Traumwelt erwartet, eine Welt, die so ist, wie die in unserem Leben nicht war. Vielleicht ist der Tod aber auch das alles beendende Ereignis ohne irgendein

»Danach«. Man sagt: »Liebe ist stärker als der Tod.« Ich meine, dass hier wieder eine Flucht vor der Wirklichkeit gegeben und anzutreffen ist. Auch die Liebe, egal wie stark und innig sie ist, ist nur eine befristete Verdrängung der Gewissheit, einmal sterben zu müssen. Ist nicht alles, was wir tun – arbeiten, Hobbys, Freunde treffen usw. – nur ein Zeitvertreib, um die Wartezeit auf den Tod zu verkürzen?

Wie soll man sich den Tod aber vorstellen? Ich glaube nicht an ein »Danach«. Für mich ist der Tod das endgültige Ende von Allem. Ich stelle mir den Tod so vor: es ist ein Schlafen ohne jegliche Erinnerung, wie man schlief, ob man geträumt hat, jedoch auch ohne Gefühl, auf ewige Zeit, ohne Erwachen. Sicherlich wird es hier sehr viele unterschiedliche Meinungen bei den Menschen geben, die dies lesen. Die wahre Antwort auf diese Frage werden wir aber erst erhalten, wenn der Tag des Todes für uns gekommen ist.

… und danach?: In erster Linie ist es Hoffnung, Angst, Ungewissheit. Was uns erwartet, das weiß keiner. Die wenigsten Menschen machen sich Gedanken darüber, was eigentlich schade ist. Meinungsbildung wäre wichtig, da Nachdenken, egal über welches Thema, uns Momente und Situationen, mit denen uns das tägliche Leben konfrontiert, irgendwo bewusster erleben lässt. Es hilft uns, mit uns selbst und der Situation klar zu kommen. Welche Meinungen gibt es über das Danach? Ich möchte hier einige Antwortmöglichkeiten anbieten.

❖ Es gibt kein Danach, nur Stille, Dunkel und Nichts, was wir aber nicht mehr wahrnehmen.

❖ Es wird irgendwo ein anderes Leben weitergehen. Ein Leben, in dem wir unsere Taten aus dem Leben auf der Erde rechtfertigen müssen.

❖ Es gibt das, in der Religion gelehrte, Weiterleben im Himmel oder in der Hölle.

❖ Es beginnt alles neu: mit der Geburt an einem anderen Ort, in einer anderen Familie, ohne Erinnerung an das vorangegangene Leben.

Welcher Meinung man ist, muss man für sich selbst entscheiden. Vielleicht ist die persönliche Meinung der Wunsch, wie man sich erhofft, dass es weitergehen soll. Dies wäre dann aber wieder eine Art des Traumes. Ich denke, man sollte jeden Tag leben und ganz bewusst erleben, denn jeden Tag gibt es nur ein Mal. Es gibt nur einen 1. Januar 2006! Jeder Tag könnte der letzte Tag sein. Nun überlasse ich meine Leser(innen) ihren Gedanken dazu.

7. Liebe – das große Glück auf vielerlei Art(?)

Irgendwann im Leben macht jeder die Erfahrung, ein nie gekanntes Gefühl in sich zu erleben. Es ist ein Gefühl, das uns ständig gut gelaunt und glücklich erscheinen lässt. Dies Gefühl ist verbunden mit dem Wunsch, einer einzelnen, ganz bestimmten Person sehr nahe zu sein. Man ist mit sich selbst und der ganzen Welt zufrieden. Uns ist gleichzeitig heiß, kalt, schlecht – und wir finden das toll. Man ist verliebt. Dies lässt uns verrückt, übermütig oder kindisch auf andere Menschen wirken. Die Liebe ist wohl das verwirrendste, aber auch angenehmste Gefühl, dass ein Mensch empfinden kann. Es gibt wohl kein Gefühl, das stärkere Emotionen und Gefühle freisetzen kann. Jeder, der liebt, kann dies wohl bestätigen.

Das Gefühl der Liebe kann uns spontan oder langsam steigend überkommen, aber auch so enden – langsam oder abrupt. Verliebte Menschen ändern ihr Verhalten gegenüber der Person, für die sie Gefühle entwickelt haben gänzlich. Irgendwo ist es schon ein seltsames »Spiel«, verliebt zu sein. Warum rede ich von »Spiel«? Weil man gewinnen oder verlieren kann. Man weiß nie, ob man die Gunst der Zielperson erreichen kann, ohne die Anstandsregeln zu verletzen. Man könnte aber auch verlieren, da die Person die ihr zukommende Liebe ablehnt.

Liebe kann uns absolut sprachlos machen. Man ist nicht in der Lage die Person anzusprechen. Man hat

Angst, etwas Falsches, Dummes oder gar Verletzendes zu sagen. Letzteres wäre besonders schlimm. Natürlich will man es verhindern. Man weiß einfach nicht, wie man die Person, die man liebt, ansprechen soll, obwohl man sich danach sehnt. Es gibt kein Mittel, sich gegen Liebe zu schützen. Jeden kann es einmal richtig erwischen. Jeder kann sich verlieben. Es ist ein Gefühl, das irgendwie in jedem Menschen steckt und nur darauf wartet, geweckt zu werden. Auch ältere Menschen bleiben nicht davon verschont. Liebe ist kein Privileg von jungen Menschen. Jeden kann es erwischen.

Liebe ist das Miteinander zweier Menschen, die bereit sind, den Lebensweg gemeinsam zu gehen. Sie teilen alles und glauben, das große Glück für immer gefunden zu haben. Aber, Liebe heißt auch, alles Glück und alles Leid im Leben zu teilen. Wenn man verliebt ist, ist man geneigt, nur das Schöne zu sehen und vor dem Bösen die Augen zu verschließen. Man verdrängt alle negativen Einflüsse, da man glücklich sein will. Wahre Liebe zeigt sich erst dann, wenn man auch große Probleme, die auf uns zukommen, gemeinsam durchsteht. Man muss lernen, zwischen Liebe und falscher Freundschaft unterscheiden zu können, da man sonst ausgenutzt werden könnte und zum »Spielball der Gefühle« werden kann. Bei Fehleinschätzungen könnte man nur eine Übergangslösung sein.

Die Liebe kann zeitweise recht eigenwillige Wege gehen. Das liegt daran, dass die Liebe die »lustvollste Form des Schwachsinns« ist, da das »Herz dir Gründe nennt, die jeglicher Vernunft unbekannt sind«. Dies begründet sich in dem Verhalten der Person, die sich verliebt hat.

In der Überschrift des Kapitels sprach ich vom Glück auf vielerlei Art. Nun will ich versuchen, diese Arten aufzuzählen und zu erörtern. Bei der Vielzahl an Arten kann es sicherlich passieren, dass ich die eine oder andere Art vergesse, was mir hoffentlich verziehen wird. Bei der Aufzählung und Erörterung der Punkte will ich mit einbeziehen, wie Außenstehende und mittelbar Betroffene (Eltern, Freunde) auf ein solches Paar reagieren. Diese Reaktion auf ein Paar hängt ab von

❖ dem Paar selbst
❖ der gesamten Situation
❖ dem Blickwinkel des Betrachters

Welche Arten gibt es meiner Meinung nach nun?

1. Der Idealfall: Die Partner, etwa gleichen Alters, verlieben sich ineinander und sind sich einig, das Leben gemeinsam zu verbringen.

2. Der Problemfall in Bezug auf das Alter: Er ist älter als sie (oder umgekehrt) und schon treten Probleme auf. Beispiel: Die Gesellschaft reagiert völlig empört auf ein Paar, da sie erst 15 Jahre alt und er 24 Jahre alt ist. Sie ist halt noch nicht volljährig, im Gegensatz zu ihm. Ist sie dann 18 Jahre und er 27 Jahre alt, stört sich, obwohl sich der Altersunterschied nicht geändert hat, kein Mensch mehr daran. Hierfür fehlt mir irgendwo die Logik. Der Außenstehende glaubt oftmals, dass ein Paar etwa gleichen Alters sein sollte. Dem Alter wird hier, meiner Meinung nach, eine viel zu große Bedeutung beigemessen. Ich will hier keine Tabus in Frage stellen oder für Sex mit Minderjährigen plädieren. Wenn man sich aber mit allen guten Eigenschaften und Fehlern liebt, dann sollte der Altersunterschied keine Rolle spielen. Grundvoraussetzung in der Beziehung mit einem minderjährigen Partner sollte die Vernunft beider Partner sein. Sie müssen lernen, die Leidenschaft in Grenzen zu halten und ihren Wünschen und Emotionen nicht »freien Lauf« zu lassen.

3. Der Problemfall in Bezug auf die Nationalität: Auch da gibt es Probleme. Außenstehende sehen eine solche Beziehung als unmoralisch an.

4. Liebe auf Zeit: Eine solche Liebe kann sich aus einem Flirt im Urlaub entwickeln. Ein Flirt wird zu einer aussichtslosen Liebe, da der Tag bekannt ist, wo man wieder (eventuell zum eigentlichen Partner) heimfährt, obwohl beide Personen eine große Zuneigung füreinander empfinden.

5. Die abhängige / hörige Liebe: Dies ist die Art der Liebe, wo das Sprichwort »Liebe macht blind« zutrifft. Einer der Partner ist dem Anderen so verfallen, dass er blind für die Wirklichkeit wird und nicht merkt, dass er / sie nur ausgenutzt und erniedrigt wird. Die Person ergibt sich ihrem Schicksal, weil sie den Partner / die Partnerin um Nichts in der Welt verlieren will, bis zur Selbstaufgabe. Dadurch zerstört die Person sich selbst und ihr Leben, ohne es zu merken oder selbst zuzugeben. Diese Art kann auch durch die Willensstärke des Anderen entstehen, weil man sich selbst klein, schwach und unbedeutend fühlt.

6. Die überraschende Liebe: Die Partner kennen sich seit vielen Jahren. Sie sind gute Freunde, vielleicht Nachbarn, die sich seit vielen Jahren kennen. Irgendwann wird aus dieser Freundschaft dann Liebe. Es ist für beide Personen überraschend und verwirrend, da man sich gegenseitig akzeptiert und der Eine den Anderen genau zu kennen glaubt.

7. Die spontane Liebe: Das ist die Liebe auf den ersten Blick – auch eine Art der überraschenden Liebe. Beim ersten Blick wird bei einem oder beiden Betroffenen die Liebe geweckt. Die liebende Person gesteht sich ein, verliebt zu sein, ohne die andere Person überhaupt zu kennen. Sie handelt rein gefühlsmäßig. Es ist die vielleicht risikoreichste Liebe überhaupt. Bei näherem Kennenlernen ist es nicht ausgeschlossen, dass man sich eingestehen muss, dass diese Liebe eine Enttäuschung ist. Zurück bleiben gebrochene Herzen. Ein enttäuschter Mensch schwört sich, sich nie wieder im Leben zu verlieben. Sie geben auf.

Andere versuchen sich sofort wieder mit Jemandem zu binden, um Trost bei ihr / ihm zu finden. Diese Menschen stürzen sich vom einen in das nächste Risiko, wobei es nicht ausgeschlossen ist, dass sie sich in ihrer Liebesbedürftigkeit und Sehnsucht nach Zärtlichkeit an einen Partner geraten, der ihn / sie bewusst ausnutzt. Wenn der Teil dieser Beziehung, der ausgenutzt wird, eine nicht willensstarke Person ist, kann er / sie in die hörige Liebe abgleiten. Es ist eine Art von Hörigkeit.

Die bisher genannten Arten von Liebe kann man als »gewöhnlich« bezeichnen. Es sind die häufigsten Wege der Liebe. Leider ist auch die hörige / abhängige Liebe kein Einzelfall mehr, was ich sehr bedaure. Welche Arten der Liebe gibt es noch? Welche Arten könnte man da als nicht »normal« bezeichnen?

8. Die verhängnisvolle Liebe: Diese Art kann auf langsam beginnende oder spontane Art entstehen, wobei es darauf ankommt, welche Seite den Anfang macht. Der Blickwinkel der Betreffenden kann völlig anders sein. Diese verhängnisvolle Liebe ist die Liebe, wo eine der beiden Personen fest gebunden (Freund, Verlobt, Verheiratet) ist. Da gibt es aus der Situation heraus, nun zwei Varianten.

a.) die fest gebundene Person macht den Anfang: Es beginnt damit, dass er / sie sich eingesteht, einen anderen Menschen, als den / die eigene(n) Partner(in) zu lieben. Dies kann daran liegen, dass man enttäuscht von der eigentlichen Beziehung ist. Eine solche Person sucht die Erfüllung, die in ihrer Partnerschaft fehlt, bei einer anderen Person und riskiert dadurch, den / die feste(n) Partner(in) zu verlieren. Verlässt die andere Person ihn /sie auch, steht er / sie am Ende allein da.

b.) die ungebundene Person macht den Anfang: Dies kann daran liegen, das diese Person sich wirklich verliebt hat. Ein weiterer Grund ist, dass man in dem / der gebundene(n) Partner(in) den / die Erfahrene(n) sieht. Man glaubt, dass man dadurch die Liebe schöner empfinden kann.

Ganz problematisch wird es, wenn beide Personen in einer festen Beziehung sind. Hier können am Ende vier enttäuschte Personen zurückbleiben. Wie reagieren Außenstehende auf diese Menschen, die sich dieser Art von Liebe hingeben? Meist ist die Reaktion Verständnislosigkeit, Empörung und Missachtung der sich liebenden Menschen. Mit solchen Kritiken sollte man aber vorsichtig sein. Niemand kann sich nämlich davon freisprechen, dass ihm / ihr einmal ähnliches passieren kann. Grundsätzlich sollte man sich eines vor Augen halten:

kein Mensch verdient es, dass man ihn für einen anderen Menschen verlässt. Eine Ehe sollte ein Leben lang halten. Wenn eine Ehe scheitert, kann es daran liegen, dass eine Person in der Ehe sein Verhalten gänzlich ändert und sein wahres Gesicht zeigt. Ein weiterer Grund kann sein, dass man zu schnell geheiratet hat, ohne den Anderen mit allen Verhaltensweisen erlebt zu haben und ihn deshalb nicht richtig zu kennen.

Der ungebundenen Person in dieser Art Liebe sollte ein Punkt zu denken geben: die gebundene Person wird in 90 % der Fälle zum / zur Partner(in) zurückkehren, wenn sie vor die Wahl gestellt wird oder die Affäre den gewünschten Erfolg hatte. Sie wird immer der Verlierer sein. Dafür sollte man sich zu schade sein. Sollte die ungebundene Person den Anfang machen, dann sollte die gebundene Person verzichten. Sie sollte der ungebundenen Person letztendlich die Enttäuschung ersparen. Sollte die gebundene Person sich verlieben, so sollte die Reaktion dieselbe sein. Die Vernunft sollte siegen.

Niemand kann sich davor schützen, sich zu verlieben. Man sollte es dann aber für sich behalten und auf eine andere Art der Liebe ausweichen, die zwar nicht die Erfüllung von Wünschen bringt und auch nicht dazu führt, den Mann / die Frau für sich zu gewinnen, aber für alle Beteiligten der fairste, problemloseste und vernünftigste Weg ist. Für mich persönlich ist es der außergewöhnlichste, aber auch gefühlsstärkste und schönste Weg der Liebe.

9. Die stille Liebe: In dieser Art der Liebe bringt man seine Zuneigung gegenüber der Zielperson weder durch Worte noch durch Gesten zum Ausdruck. Es ist ein

Traum, der nie in Erfüllung geht und seine Vor- und Nachteile hat, wobei die Vorteile der Nichterfüllung des Traumes in ihrer Anzahl und Wichtigkeit überwiegen.

Nachteile: Man bringt seine Liebe nicht zum Ausdruck. Man erreicht dadurch sein Ziel nicht. Die Person, in die man sich verliebt hat, wird nie erfahren, dass man sich in sie verliebt hat. Man wird also nie erfahren, ob man auf Gegenliebe stoßen würde. Der / die Verliebte ist der / die Verlierer(in). Er / sie bleibt mit seinen / ihren Gefühlen allein.

Vorteile:

a.) gegenüber dem / der festen Partner(in): kein Bruch der Bindung, da nur gedankliche Untreue besteht, von der niemand weiß.

b.)   für die Person, der die Liebe gilt:

❖   unbekümmertes Verhalten und Auftreten gegenüber der Person, die sich verliebt hat, durch Unwissenheit.

❖   es entstehen keine Probleme

❖   keine gefühlsmäßige Verwirrung bei der Person, der die Liebe gilt.

❖   Ersparung von Enttäuschung und der Aufgabe des »Ichs«, da nicht gehandelt wird (Gerede der Leute, falls die Person, der die Liebe gilt, nachgibt und es irgendwie bekannt wird)

Daraus folgt: die Ehre und der gut Ruf der Zielperson bleiben gewahrt. Dies sollte immer Priorität haben. Man wird nicht aufdringlich und respektiert sie.

c.)   für die verliebte Person selbst:

❖   ungetrübtes Verhalten und Treue gegenüber dem / der eigentlichen Partner(in)

- ❖ innere Zufriedenheit über die Gewissheit, der Zielperson eine Enttäuschung erspart und die Ehre gewahrt zu haben
- ❖ man beweist Anstand und Rücksicht auf die Gefühle der Zielperson.

Persönliche Erfahrung: Über die genannten Punkte hinaus können für den Verliebten Vorteile entstehen, die er vielleicht bisher nicht hatte. Sollte er sich bisher anders verhalten haben, so könnte er nun Anstand und Rücksichtnahme lernen. An dieser Stelle möchte ich ein reales Beispiel notieren. Es wird schwierig, da es schwer ist, Gefühle in Worte zu fassen. Dennoch wage ich es. Es handelt sich um eine Situation, die sich wirklich so zugetragen hat. Hierbei muss ich vorab eine Erläuterung notieren.

Beispiel für eine spontan entstandene »stille Liebe«, in Hinsicht auf eigene Gefühlswelt und Denkweise: Aus Gründen, die sicherlich jeder verstehen wird, verzichte ich auf Orts- und Zeitangaben, Namen und Personenbeschreibungen. Die Gründe sind in den Anstandsformen der Menschlichkeit zu suchen. Das Ansehen, die Ehre und der gute Ruf der Zielperson stehen über allen anderen Dingen. Sie müssen gewahrt bleiben. Es wäre für mich unverzeihlich, dieser Dame zu schaden. Ein weiterer Punkt für das Verschweigen von Einzelheiten ist der große Altersunterschied zwischen den beiden Personen.

Es begann damit, dass sie ihm plötzlich, an einem bestimmten Ort, zu einer bestimmten Zeit, erstmals aufgefallen ist. Beide waren sich bis dahin unbekannt. Er aber verliebte sich in diesem Augenblick unsterblich in diese Frau, die für ihn an Sinnlichkeit, Weiblichkeit und

Schönheit durch keine andere Frau zu übertreffen ist. Diese Frau war für ihn der Inbegriff der Weiblichkeit. Dies ist kein Kompliment, sondern lediglich die Wahrheit. Sie verkörperte das, was er sich unter dem Wort »Frau« vorstellte. Er war sich darüber bewusst, dass die Frau, in die er sich verliebt hatte, für immer unerreichbar sein würde. Er wusste, dass er ihr die Liebe zu ihr nicht eingestehen durfte, um ihren guten Ruf zu wahren. Dies Problem wurde für ihn immer größer, da er besagte Frau fast täglich sah. Er sehnte sich nach diesen Augenblicken des Wiedersehens, die nur Sekunden dauerten. Sie verängstigten ihn aber auch, da sie ihm das Nichtaussprechen der Liebe schwer machten. Es war ein Auf und Ab der Gefühle. Jedes Wiedersehen der Dame erzeugte in ihm ein Gefühl der Wärme und Zufriedenheit. Es reichte ihm aus und machte ihn glücklich, sie einfach nur sehen zu dürfen. Dies einfache Sehen, die Gewissheit, es gibt sie noch, motivierte ihn stets. Sah er sie nicht, war er traurig und betrübt. Sekunden später, wenn er sie dann sah, war er gut gelaunt und völlig motiviert.

Hierin spiegelt sich ein großes Risiko. Je länger er diese Frau nicht sah, desto deprimierter wirkte er auf seine Mitmenschen. Die Hoffnung und der Wunsch nach dem Wiedersehen wurden unerträglich groß. Wenn er sie dann nach längerer Zeit wieder sah, konnte dies zu emotionsstarken Reaktionen führen. Dies waren sehr häufig Tränen, die er vor Freude weinte. Dies zeigte er ihr aber nicht. Er weinte sie heimlich. Er wollte sie nicht verwirren.

Diese »stille Liebe« besteht auch heute noch. Es ist jedoch nicht bekannt, ob die betreffende Person nicht doch ahnt, dass sie geliebt wird. Der Herr aus diesem Beispiel hat bis heute der Dame seine Gefühle nicht eingestanden. Der Wunsch aber, sie wieder zu sehen, bleibt für immer in seinem Herzen. Es liegt an ihm, diese Liebe niemals in Erfüllung gehen zu lassen.

An diesem Beispiel ist auch erklärbar, warum ich die Liebe in der Überschrift zu diesem Kapitel in Frage stellte. Aus Sicht des Herrn in diesem Beispiel wird die Liebe wohl kaum als Glück zu bezeichnen sein. Sicherlich ist in einem solchen Fall auch wieder eine Wirklichkeitsflucht in Form des Traumes zu verzeichnen, denn im Traum besteht die Möglichkeit, der Mann zu sein, der das Leben an ihrer Seite verbringen darf.

Aus letztem Satz abgeleitet, möchte ich eine sehr oft zu hörende Äußerung aufgreifen, die mich persönlich jedes Mal, wenn ich sie höre, sehr wütend machen kann. Es ist die Äußerung eines Teils eines Paares, in dem er / sie sagt: »Er / sie gehört zu mir«. Ich finde es anmaßend, wenn man von einem Menschen so redet, als wäre es sein persönlicher Besitz. Selbst in der, unter Punkt 5 dieses Kapitels beschriebenen abhängigen Liebe, ist die als »Besitz« angesprochene Person zwar in ihrem Willen geschwächt, aber die gedankliche Freiheit kann man ihr nicht nehmen. Solange wir träumen, wird uns ein Mensch niemals ganz allein gehören.

Zum Abschluss dieses Kapitels möchte ich aber noch auf die letzte Art der Liebe zu sprechen kommen.

10. Die enttäuschte Liebe: Die Partner gehen aus Liebe eine feste Beziehung ein, während dessen Verlaufs sie aber erkennen müssen, dass die Erwartungen sich nicht erfüllen, da das Verhalten des Partners / der Partnerin völlig anders ist, als zuvor. Man sieht ihn / sie plötzlich mit anderen Augen. Es kommt meist zu Trennung, da von der anfänglichen Liebe nichts mehr geblieben ist.

8. Sexualität im Wandel der Zeit

Sexualität ist eigentlich ein Thema, über das selten geredet wird. Es ist halt die persönliche Intimsphäre eines jeden Menschen. Da gibt es ein gewisses Schamgefühl, das uns daran hindert, offen über dieses Thema zu reden. Vielleicht gelingt es mir, durch dies Kapitel offener zu diesem Thema zu stehen.

Was bedeutet nun eigentlich Sexualität oder Sex? Sexualität bezeichnet allgemein die Geschlechtlichkeit. Sex bedeutet eigentlich lediglich nur Geschlecht (laut Duden und anderer Literatur). Allerdings erhält man auf die Frage, was diese beiden Worte bedeuten, die Antwort: die körperliche Liebe, das miteinander Schlafen. Genau darum soll es in diesem Kapitel gehen, um die Sexualität und die Vollziehung des körperlichen Aktes.

Ursprünglich, vor vielen Jahren, sah man das Vollziehen des Aktes nur dazu an, um seine Art zu erhalten. Er diente dazu, um Kinder zu zeugen. Dies war nur Ehepaaren vorbehalten. Vorehelicher Kontakt galt als unsittlich, unmoralisch und in religiösen Kreisen als schwere Sünde. Es war ferner eine Pflicht, dass die Frau unberührt (jungfräulich) in die Ehe ging. Diese Einstellung hat sich im Laufe der Zeit geändert. Es gibt viele Paare, wo vorehelicher Verkehr bereits stattgefunden hat. Das ist fast schon normal. Fast 90 %, würde ich schätzen, sammeln voreheliche, körperliche, sexuelle Erfahrung, was nicht negativ ist. Man sollte seine Sexualität ausleben. Dies Recht steht jedem zu. Sie sammeln Erfahrungswerte. Der Sinn liegt nicht mehr in der Fortpflanzung, sondern einfach darin, Spaß zu haben. Man will zur sexuellen, emotionalen Befriedigung gelangen. Gerade ältere Menschen reden von einem Moralverfall der Jugend. Sie sehen, dass ein Paar lediglich miteinander schläft, um den Akt miteinander zu vollziehen, ohne sich genauer zu kennen und – ganz wichtig – ohne Liebe zueinander. Sex ohne Liebe ist für mich wertlos, da jegliches Gefühl fehlt. Es entsteht nicht die richtige Einstellung dazu. Ohne Gefühl kann keine emotionale Erfüllung erlangt werden. Die Folge ist, dass eine solche Affäre oftmals als Enttäuschung bezeichnet wird. Ferner geben sich diese Menschen, die öfter den / die Partner(in) wechseln dem Gerede der Leute preis. Sie riskieren ihren guten Ruf und ihr Ansehen innerhalb der Gesellschaft.

An dieser Lebensart ist aber auch die falsche Einstellung dieser Leute schuld. Sie versuchen, die Person, der ihre Liebe gilt, mit Gewalt an sich zu binden. Es besteht der Glaube, dass, wenn es im Bett klappt, der / die Partner(in) auch der / die Richtige für das ganze Leben ist. Sex, Liebe und Zuneigung werden miteinander verwechselt. Andere Personen geben sich der körperlichen Liebe hin, aus Angst den / die Partner(in) zu verlieren, wenn sie sich ihm / ihr nicht hingeben. In der Häufigkeit sind es Männer, die so denken. Deshalb spreche ich diese hier nun bewusst ganz direkt an.

An dieser Stelle möchte ich meine ganz persönliche Meinung zum Ausdruck bringen. Diese wird mir bestimmt wütende Proteste von vielen Männern einbringen. Das wird meine Einstellung aber nicht ändern. Ich stehe zu meiner Meinung und behaupte, dass die

Männer, die sich beschweren, zu der von mir kritisierten Gruppe gehören. Meine Meinung ist:

Frauen sind in Sachen Liebe meist vernünftiger, da abwartender. Sie drängen nicht, wie viele Männer, auf das Ziel, die Liebe körperlich zu vollziehen. Daher können sie die Liebe meist bewusster und intensiver erleben. Viele Männer denken jedoch, dass eine Frau ihre Zuneigung zu ihm erst dadurch beweist, dass sie mit ihm schläft. In einigen Fällen gehe ich mit meiner Meinung noch weiter. Das sind Fälle, wo es für mich beschämend ist, als Mann auf die Welt gekommen zu sein, da es Männer gibt, deren Einstellung zu Frauen mich einfach in Rage bringen. Sie sehen in einer Frau nicht einen Menschen, sondern nur einen Gebrauchsgegenstand fürs Bett zum Zwecke der Befriedigung persönlicher Begierden, weisen dies aber mit Empörung als Lüge von sich. Von diesen Männern distanziere ich mich ganz entschieden. Für mich ist Sex nicht selbstverständlich, sondern nimmt einen höheren Stellenwert ein.

Ich wage zu behaupten, dass es für die Frau eine schwierigere Entscheidung ist, sich hinzugeben, als für den Mann. Das begründet sich durch die Denkweise. Ein Mann denkt, er beweist durch das Vollziehen des Aktes seine Männlichkeit. Für eine Frau ist dies aber jedes Mal eine gewisse »Selbstaufgabe«. Sie verschenkt sich an ihn, gibt sich ihm hin und gibt ihr Wohlergehen in seine Hände. Es erscheint mir aber so, als sehen viele Männer diese Hingabe als normale Selbstverständlichkeit an. Viele lieben, ohne an die Partnerin zu denken. Sie stellen ihre persönlichen Wünsche in den Vordergrund und verlangen, dass diese erfüllt werden.

Diese Denkweise ist aber auch bei Außenstehenden vorhanden. Nehmen wir an, zwei 16-jährige Menschen schlafen miteinander. Es wird bekannt. Er ist, für Außenstehende, schon auf dem Weg zum Mann. Wie wird aber über sie geredet? Es heißt: »Noch in der Schule, aber schon mit den Kerlen im Bett!« – Es wird gleich in der Mehrzahl geredet – oder: »Was aus der mal wird, kann man sich ja wohl denken!«. Über sie wird immer schlechter geredet, als über ihn. Das hat sich im Laufe der Zeit nicht geändert. Wir sollten unsere Denkweise ändern. Sex ist nicht selbstverständlich. Der Idealfall, dass beide Partner zur gleichen Zeit den Wunsch verspüren, miteinander zu schlafen, ergibt sich nicht immer. Darauf sollte man Rücksicht nehmen. Schön wäre es, wenn sich alles aus dem Schmusen und Kuscheln heraus entwickeln würde.

Ein Thema will ich in diesem Kapitel noch ansprechen. Dabei werde ich Fragen in den Raum stellen, die jeder für sich beantworten sollte. Ein, vor allem von religiös eingestellten und älteren Menschen, sehr kritisierter Bereich der körperlichen Liebe ist das käufliche Gewerbe, die Prostitution. Diese Kritiker sind der Ansicht, dass man Prostitution per Gesetz verbieten und unter Strafe stellen sollte, um die Jugend zu schützen und den Moralverfall zu stoppen. Sicherlich ist gerade in diesem Bereich des Aktes kein Gefühl der Liebe vorhanden. Sollten wir hier aber nicht unsere Einstellung überdenken? Ich denke schon, was ich hier nun näher begründen möchte, dass wir umdenken sollten.

1. Fallbeispiel: Gehen wir davon aus, dass ein allein stehender, finanziell gut gestellter Mann das Verlangen

nach Sex hat. Aufgrund seiner guten finanziellen Situation wäre es ihm möglich, ein Bordell oder eine andere Institution des käuflichen Gewerbes aufzusuchen. Wo soll er hin, wenn dieses Gewerbe gesetzlich verboten werden würde? Selbstbefriedigung kann auf Dauer keine Frau ersetzen. Daraus resultiert nun eine Frage, die ich zur Beantwortung an die Leute richte, die ständig das Verbot des käuflichen Gewerbes fordern. *Wie viele Frauen sollen denn noch der Gefahr ausgesetzt werden, vergewaltigt zu werden? Kann man das generelle Verbot des Gewerbes fordern und zu seiner Meinung stehen, wenn die eigene Frau oder Tochter das nächste Opfer eines Sexualverbrechens wird, weil es keine Prostitution mehr gibt?*

Deshalb sprach ich davon, dass wir unsere Einstellung überdenken sollten. Sollten wir nicht erkennen, dass in gewisser Weise Prostituierte eine Schutzfunktion für alle anderen Frauen übernehmen und man deshalb eigentlich froh sein sollte, dass es sie gibt? Ich sehe diese Frauen als Teil unserer Gesellschaft an, die – wie jeder Mensch – ihre Rechte und Pflichten haben. Sie sollten in ihrer Ehre und ihrem Ansehen genau so geschützt sein, wie alle anderen Menschen. Was ich schwer verurteile, ist die erzwungene Prostitution. Die Frauen werden zu dem Gewerbe gezwungen und einige Männer verdienen dadurch sehr viel Geld. Diese Männer halten die Frauen für willenlose Ware, die auch mit Gewalt dazu gezwungen wird, weiterhin anschaffen zu gehen. Sie werden erniedrigend behandelt. Viele dieser Frauen haben aufgegeben und ergeben sich in ihr Schicksal.

2. Fallbeispiel: Dies könnte man als Extrembeispiel ansehen, das es nur in ärmeren Ländern, Entwicklungs-

ländern, gibt. Dem ist nicht so. Auch in Deutschland, wo die Armut zunimmt, gibt es derartige Fälle. Eine Frau hat ein oder mehrere Kinder. Sie ist arbeitslos und finanziell am Existenzminimum angekommen. Der Mann hat sie verlassen. Sein Aufenthaltsort ist unbekannt. Diese Frau hat nur sich selbst. Sie weiß, dass sie wegen ihres guten Aussehens, ihrer Figur auf Männer eine sehr positive Wirkung hat. Viele Männer nutzen die Notsituation aus und bieten Hilfe oder Geld an, wenn die Frau dafür »ein bisschen lieb« zu ihm ist …! Sie weiß, wie schwierig der Schritt ist, aber sie willigt ein und verkauft sich selbst. Hier stelle ich nun eine Frage, auf die ich zwei Antwortmöglichkeiten gebe. Ich weiß, dass ich damit einige Leute provozieren werde. Nur so macht man sich aber vielleicht einmal seine eigenen Gedanken zu diesem Thema. Wie soll sich die Frau aus diesem Extrembeispiel in ihrer Situation verhalten?

a) Sie verkauft sich selbst, um ihre Situation zu verbessern. Sie kann ihr Kind ernähren und behalten, statt das es ihr wegen ihrer Lebensumstände entzogen wird. Wird bekannt, was sie tut, droht ihr dies wegen Kindeswohlgefährdung trotzdem. Außerdem würden Mitmenschen über sie reden und mit Fingern auf sie zeigen. Ihr Ruf ist ruiniert.

b) Sie verkauft sich nicht, um ihr Ansehen zu wahren. Ihre Mitmenschen sehen sie als anständige Frau an. Sie und ihr Kind wissen aber täglich nicht, wie es am nächsten Tag weitergehen soll. Was ihr bleibt, ist die Existenzangst. Sie lebt auch mit der ständigen Angst, dass ihr vom Jugendamt das Kind entzogen wird.

Diese zwei Fallbeispiele sollten uns schon zum Nachdenken anregen. Sie werden für Diskussionsstoff sorgen. Dies ist aber auch meine Absicht. Damit will ich dies Thema auch nun abschließen.

9. Die Ehre der Frau

Dies Kapitel wird mit Abstand das umfangreichste. Es erscheint mir aber dringend erforderlich, da es zu viele Männer gibt, die eine bloßstellende bis unmögliche Verhaltensweise gegenüber Frauen an den Tag legen. Diese kann Zeitweise nicht mal im Ansatz akzeptiert werden. Mit diesem Kapitel hoffe ich auf steigende Zahlen von gleichdenkenden Menschen in vielen Punkten. Ich möchte Denkanstöße bieten. Eine daraus resultierende Einsicht könnte dazu führen, dass Männer und Frauen als gleichberechtigte Partner zusammenleben. Männer sind nämlich nicht besser als Frauen. Viele Männer halten sich nur dafür. Doch jede Frau hat ihre Ehre. Diese muss gewahrt bleiben.

Stellen wir uns zunächst eine grundsätzliche Frage. Was ist eine Frau? Es sind Menschen mit Hoffnungen, Träumen, Wünschen und einem eigenen »Ich«. Sie haben ihre Ehre und das Recht, menschlich behandelt zu werden. Für einige Männer ist eine Frau aber nur gut fürs Bett. Sie haben die Pflicht, den Haushalt zu führen und die Kinder zu erziehen und das Recht, den Mund zu halten und zu gehorchen. Andere Männer suchen das »perfekte Wesen«. Diese Traumfrau, die sie suchen, werden sie aber niemals finden. Sollten sie diese nämlich gefunden haben, bilden sie sich gedanklich ein noch »perfekteres Wesen«, dem sie dann nachlaufen. Der Traum von der Traumfrau zerbricht für diese Männer dann, wenn sie erkennen müssen, dass auch sie einen eigenen Willen hat und sich nicht alles gefallen lässt.

Die Ehre der Frau wird in unserer Gesellschaft miss-achtet. Das ist die Meinung, zu der ich stehe und die ich in aller Deutlichkeit vertrete. Dies möchte ich hier beweisen, dass auch im Jahre 2006 die Frau erniedrigt und betrogen wird. Dies kann man in drei Blöcken ab-handeln:

a) Verhalten von Männern gegenüber Frauen,

b) Frauen in der »Öffentlichkeit« und ihre »Darstel-lung«

c) Betrug an Frauen vor Gericht.

Damit möchte ich nun in die Thematik einsteigen.

a.) Verhalten von Männern gegenüber Frauen: Hier gibt es unzählige Beispiele für Fehlverhalten. Ich beginne da einmal mit den »harmlosesten«, die in der primitiven Denkweise der Männer liegen. Dies unterteile ich wieder in drei Punkte, die ich der Reihe nach abarbeite:

*1.)	Gefühle und Bedeutung dieser*

*2.)	Äußerlichkeiten*

*3.)	Körperliches*

Damit will ich nun beginnen.

1.) Gefühle und Bedeutung dieser: Ohne Gefühl kann keine Beziehung auf Dauer überleben. Gefühle sind ein wesentlicher Bestandteil der Liebe. Viele Frauen sehnen sich häufiger, als viele Männer, nach Zärtlichkeiten und Streicheleinheiten. Darin liegt ein Hauptproblem vieler Männer. Es fällt ihnen schwer, nur durch Streicheln und Zärtlichkeiten, Liebe zu zeigen. Sie würden viel lieber sofort »auf's Ganze« gehen. Ernsthaft böse, ja wütend, werde ich allerdings bei den Männern, die eine Frau le-diglich als eine Art »Einweghandtuch« ansehen = gebrau-chen und »wegwerfen«. Sie spielen mit den Gefühlen der

Frau. Hierfür habe ich kein Verständnis. Es bedarf wohl zweier geschlossener Augen und der Einstellung, dass Frauen in etwa den Stellenwert eines Haustieres haben und Tränen nur Wasser ohne Bedeutung sind, um ein derartiges Verhalten zu dulden. Es ist Zeit, hier umzudenken. Zur Liebe gehören zwei Personen, die jeweils ihre Träume haben und diese erfüllt sehen möchten. Einige Männer glauben allerdings, dass es selbstverständlich ist, dass die Erziehung von Frauen nach dem Willen des Mannes zu geschehen hat, verbunden mit allen Verboten und Unterwerfungen. Diese falsche Denkweise gibt es auch in vielen Ehen und eheähnlichen Beziehungen. Auch da gibt es Männer, die keinerlei Gedanken daran verschwenden, was die Partnerin sich wünscht oder möchte. Es geht sogar so weit, dass einige Männer ihre Frau zum Beischlaf zwingen. Mancher begründet dies mit den Worten: »Als Mann braucht man Sex!«, statt über sein Verhalten und seine primitive Denkensweise ernsthaft nachzudenken. Bei einigen Frauen ist es so, dass sie sich nicht nur einmalig, sondern langfristig bis lebenslänglich diesem Schicksal ergeben, ohne noch den Mut aufzubringen, sich dagegen zu wehren oder sich von ihm zu trennen.

Wenn aber eine Frau, die so behandelt wurde, sich diesem Beziehungsterror durch Trennung entzieht, ist er noch beleidigt und verhält sich, wie ein kleines Kind, dem man sein Lieblingsspielzeug wegnimmt. Er will krampfhaft etwas festhalten, was er durch sein Verhalten längst verloren hat. Armer »starker« Mann, der verlassen wurde, sucht dann Trost und Mitleid bei einer anderen Frau, die er irgendwann auch so behandeln wird, wie die Frau, die ihn verlassen hat. Hauptsache, ihm geht es gut. Diese Männer spielen in der Partnerschaft den »Herrgott«. Sie erwarten quasi, dass das Essen parat steht, wenn sie heimkommen, sie adrett gekleidet und hübsch geschminkt ist und ihm auch noch die Schuhe aus- und die Pantoffeln anzieht.

Andere Damen erleben im täglichen Zusammenleben Demütigungen und Erniedrigungen, die tiefe innere Wunden hervorrufen. Sie werden vom Partner geschlagen und angeschrien. Die Frauen schweigen aus Schamgefühl. An jene Damen möchte ich folgende Worte richten:

Haut dazwischen, dass die Funken fliegen! Kein Mann hat das Recht, eine Frau in ihrem Willen zu brechen. Es wäre schön, wenn alle Frauen an sich glauben und auftrumpfen würden. Jede Frau kann dies schaffen, da nichts auf der Welt den Willen ersetzt. Diese Männer vergessen zu gern, dass sie ohne Frauen hilflos wären. Ihr ganzes Paschagehabe bringt dann nichts, da man dadurch nichts gewaschen, gebügelt und gekocht bekommt. Solche Männer spielen doch nur Herrscher mit großer Klappe, weil sie bewusst eine, von der Persönlichkeit her, schwache Frau gewählt haben, da sie bei einer starken Frau nämlich Kontra bekämen und brav »Männchen« machen würden. So selbstbewusst und um ihr Wohlergehen besorgt sollte jede Frau sein, dass sie sich derartiges von keinem Mann ohne Gegenwehr gefallen lässt. So schön kann und darf kein Mann sein, dass eine Frau für ihn zur Selbstaufgabe bereit ist.

Der absolute Hohn ist jedoch, dass derartig handelnde Männer wenig später die Frechheit besitzen, auf liebesbedürftigen Mann zu machen und mit ihr schlafen möchten. Dazu kann ich nur folgendes sagen:

an die so handelnden Männer: ich glaube nicht, dass deren geistige Fähigkeit ausreicht, um zu verstehen, was sie den betroffenen Frauen angetan haben. Sie haben bewusst das Selbstwertgefühl und das Leben dieser Frauen beabsichtigt zerstört und somit »seelischen Mord« begangen. Da kann man nur Mitleid haben.

an die betroffenen Frauen: in Anbetracht der Tatsache, dass es Männer gibt, die Frauen in der genannten Art behandeln, ist es für mich ein beschämendes Gefühl, dieselbe Bezeichnung (Mann), wie sie zu tragen. Ich distanziere mich von diesen Männern ganz entschieden. Dies ist für betroffene Frauen sicher kein Trost. Es ist aber an der Zeit, sich bei diesen Frauen zu entschuldigen. Dies möchte ich an dieser Stelle, stellvertretend für die Männer, die es nötig hätten, mit folgenden Worten tun: *»Es tut mir aufrichtig leid, was ihnen geschehen ist. Sofern es überhaupt geht, bitte ich sie, zu verzeihen.«*

Damit will ich das Handeln dieser Männer in keinem Fall rechtfertigen, nach dem Motto:«Passiert ist passiert – tut mir Leid!«. Es stößt bei mir jedoch auf Unverständnis, wenn prominente Personen sich mit diversen Personengruppen solidarisch erklären oder sich für Äußerungen gegenüber anderer Personen entschuldigen müssen, jedoch kaum einer an die Frauen denkt, die täglich der Willkür ihres Partners ausgesetzt sind. Vielleicht ist bei einem Teil der Männer, die ihre Frau bisher geschlagen haben, noch ein Rest an Vernunft vorhanden, der sie zur Einsicht bringt. Mit ein wenig Einsicht sollte ein jeder erkennen, dass wir alle nur Menschen und gleichgestellt sind. Frauen sind kein willenloser Gebrauchsgegenstand fürs Bett zur Befriedigung männlicher Bedürfnisse, sondern Menschen mit eigenen Wünschen und der Hoffnung auf Erfüllung dieser. Jeder Mann, der sagt, er liebt seine Frau, hört von mir nur dies: dann lebt danach und verhaltet euch auch so, dass man es euch auch wirklich glauben kann!

2.) Äußerlichkeiten: Grundsätzlich verstehe ich darunter, den ersten, optischen Eindruck. Ein Mann sieht erstmal eine Frau und bildet sich spontan seine Meinung von ihr. Unter Äußerlichkeiten verstehe ich hierbei nicht nur das Aussehen, sondern auch die Gebensweise und Gestik. In diesem Kapitel berücksichtige ich dabei auch die Denkweise der Männer und die Art, wie sie über bestimmte Frauen reden. Je hübscher eine Frau ist, desto häufiger bekommt sie die Aussage über sich mit oder selbst gesagt: »Die sieht / du siehst sexy aus!«. Dabei ist ihr Aussehen oder ihre Figur gemeint. Ich glaube jedoch, dass sexy nichts Sichtbares ist. In Lexika findet man die Begründung für meine Annahme, dass viele Menschen die eigentliche Bedeutung des Wortes nicht kennen und deshalb das Wort im eigentlichen Sinne falsch anwenden. Die richtige Bedeutung finden wir in englischen Lexika. Da heißt es: sexy = sexapeal = starkes sexuelles Interesse.

Genau diese englische Bedeutung gibt die Denkweise vieler Männer wieder. Es bedeutet für sich nichts anderes als: »Ich habe starkes, sexuelles Interesse an ihr.« oder deutlich gesagt: »Mit der würde ich auch gerne einmal…!«. Das ist der Grund, weshalb ich denke, dass das Wort »sexy« oft falsch gedeutet wird. Dies zeigt aber auch, wie schwach die »starken« Männer häufig sind. Die lassen sich durch Äußerlichkeiten, wie Schönheit, gutes

Aussehen, Bekleidung leiten und sind schon dadurch verführbar. Diese Dinge sind vielen Männern wichtiger, als Ehrlichkeit, Herz, Treue, Offenheit, Selbstbewusstsein, Toleranz und Charakter. Während mancher Mann bei einer Frau mit tollem Aussehen, langen Haaren und Minirock völlig »aus dem Häuschen gerät« und das nächste Bett gedanklich nicht nah genug sein kann, sind Frauen vernünftiger. Es ist auch sehr erstaunlich, dass eine Frau im Minirock und engem Top für einen Mann die leibhaftige Versuchung ist, dieselbe Frau in weitem Pullover für ihn aber unattraktiv ist. Wunschgedanke der Männer ist: »Je hübscher, desto besser«. Dabei wird von den Männern vergessen, dass ein gutes Aussehen keine Garantie für ein gutes Zusammenleben ist. Für mich ist sexy keine Sache des Aussehens. Es ist für mich ein Begriff, der auf jede Frau zutrifft. Sexy heißt für mich, dass eine Frau von sich selbst behauptet, dass sie es wert ist, geliebt zu werden. So selbstbewusst sollte jede Frau sein, dies von sich zu behaupten.

3.) Körperliches: Nach Auffassung vieler Menschen zählt hierzu bei einer Frau: lange Beine, Busen, Po. Hier gehen die Meinungen aber deutlich auseinander. Gerade in Bezug auf die Busengröße geht die männliche Vorstellung oftmals dahin, dass dieser nicht groß genug sein kann. »Je mehr, desto besser«, scheint das Motto derartig denkender Männer zu sein. Sie sehen die Frau nicht als Ganzes. Sie sehen nur jenen »paarigen« Körperteil dieser Frau. Die Busengröße wird auch von verschiedenen Leuten, aus unterschiedlichen Blickwinkeln betrachtet, ganz anders gesehen.

a)   aus Sicht der Frauen

I) die Selbstbewussten: Sie sagen sich: »Ich habe, was ich habe! Ich kann damit leben und bin zufrieden«. Dies ist ihre Einstellung – egal ob sie über wenig oder viel Oberweite verfügen.

II) geringe Körpergröße, aber große Oberweite!: Viele dieser Damen empfinden ihre Oberweite eher als unangenehm. Die Relation der Körpergröße (z. Bsp. 1,60 m) zur Busengröße (z. Bsp. 100 cm) stimmt für sie nicht. Dies begründet sich schon allein in der Art, wie diese Frauen von Männern angestarrt werden; nämlich so, als bestünden sie nur aus ihrem Busen. Die Art und Weise dieser Blicke ist für diese Frauen einfach nur peinlich, teilweise beleidigend. Zeitweise geht es derart weit, dass diese Damen bei den Männern, aufgrund der Blicke allein, feststellen können, dass der Mann in Gedanken bereits den Akt mit ihr vollzieht.

III) Damen mit sehr wenig(= »knabenhafter«) Oberweite: Sie leiden teilweise darunter. Sie werden von Männern kaum bis nicht beachtet, teilweise sogar verspottet. Sie erhalten meist nur unqualifizierte, dämliche Sprüche über ihre Oberweite – es sei denn, sie sehen sehr gut aus. Da wagt es kein Mann die geringe Oberweite zu kritisieren. Bei den Streicheleinheiten durch den Partner wird der Busen ausgelassen, obwohl die Frauen sich dies oft sehr wünschen. Sie fühlen sich minderwertig. Wegen ihres kleinen Busens fühlen sie sich nicht als vollwertige Frau.

b)   aus Sicht der Männer:

I) ein Großteil der Männer: der Busen kann ihnen nicht groß genug sein. Es erscheint mir so, als haben die so denkenden Männer etwas Wesentliches vergessen oder bisher nicht beachtet. Es ist der Punkt, dass die eigentlichen Stimulanzstellen (= die Brustwarzen) bei jeder Frau in etwa gleich groß sind. Wenn nun ein Mann nicht in der Lage ist, sich mit diesen empfindsamsten Stellen zu befassen, wird er selbst erkennen müssen, dass Masse eher hinderlich ist, da der Frau der Spaß an derartigen Berührungen dann fehlen wird.

II) meine Meinung und die, von in diesem Punkt gleich denkenden Männern: Masse / Busengröße ist völlig nebensächlich. An dieser Stelle kann ich nur meine persönliche Meinung zum Ausdruck bringen. Es gibt aber auch einige Männer, die in diesem Punkt denken, wie ich. Da möchte ich das Wort an die Frauen richten, die glauben, ihr Busen sei zu klein. Es gibt keinen zu kleinen Busen. Es gibt nur die Unfähigkeit der Männer, damit umzugehen und diese zu stimulieren. Ich bin mir aber sicher, dass keiner der lästernden Männer es zugeben würde, dass er mit der ihm gegebenen Größe unzufrieden ist, um seiner männlichen Eitelkeit keine Kratzer zu verschaffen. Während man die Busengröße auch im bekleideten Zustand erahnen oder erkennen kann, ist dies bei der Penisgröße nicht ohne weiteres möglich. Die Frauen sind mal wieder die Dummen, da die Herren, die vielleicht selbst »betroffen« sind, groß lästern, obwohl sie lieber den Mund halten sollten, da sie selbst »wenig« zu bieten haben, aber »viel« fordern.

Abschließend möchte ich zu allen drei Punkten zusammenfassend noch etwas sagen. Jede Frau ist auf ihre Art einmalig, da es etwas an ihr gibt: Gestik, Kopfbewegung, Stimme, Lachen, Körperhaltung, Gebensweise u. a., dass es in der Form nur bei ihr gibt. Das macht sie allein schon einmalig und liebenswert. Männer denken da allgemein aber anders. Sie nehmen sich das Recht heraus, Frauen in »Klassen« einzuteilen und ihnen danach »Rechte« einzuräumen. Gutaussehende Frauen werden anders behandelt, wie andere. Das zeugt nicht von objektiver Meinungsbildung, sondern von totalem Klischeedenken der Männer. Es gibt tatsächlich Männer, die vom Aussehen / Bekleidung einer Frau ableiten, wie sie im Bett ist. Wie primitiv muss man sein, um so zu denken? Hierzu möchte ich ein paar Beispiele anführen. So sehen einige Männer in einer Frau, die Rüschenkleidung trägt, einen verträumten und romantischen Typ, wogegen Frauen in Lack, Leder oder »Leopardendruck« eine »härtere Gangart« beim Sex bevorzugen. Dies zeigt für mich, dass Männer sich nur optisch leiten lassen und von Vorurteilen behaftet sind. Sehr schnell verallgemeinern sie, nach dem Motto: wenn eine Frau dieses Typs so ist, dann sind alle so! Diese Denkweise zeugt nun wirklich nicht von Intelligenz.

b) Frauen in der »Öffentlichkeit« und ihre »Darstellung«: Auch hier möchte ich wieder drei Themenkreise bilden, die ich separat beleuchten will. Es sind:

1.) Gewinnspiele und Rätsel

2.) Werbung im TV und Zeitschriften

3.) Rechte, die ER sich nimmt und IHR abspricht

In der Öffentlichkeit wird ganz bewusst die Frau immer wieder falsch dargestellt. Dies geschieht auf vielerlei Art. Darauf gehe ich nun ein.

1.) Gewinnspiele und Rätsel:

Kaum eine Zeitschrift erscheint heute, ohne dass in ihr ein Gewinnspiel oder Preisrätsel ist. Dies geschieht, um die Verkaufs- und Auflagezahl zu steigern. Bei einigen dieser Rätsel und Gewinnspiele ist jedoch etwas festzustellen, was ich bemerkenswert finde. An irgendeiner Stelle der Seite wird eine nackte Frau abgedruckt, die eine (z. Bsp.) Armbanduhr trägt, die man bei richtiger Lösung gewinnen kann. Es scheint mir jedoch fragwürdig, ob man die Frau deshalb nackt abdrucken muss. Es bestätigt mich lediglich in der Vermutung, dass im Leben das Motto: »Alles für den Mann!« gültig ist.

2.) Werbung im TV und in Zeitschriften:

Werbung ohne Frauen scheint undenkbar zu sein. Warum müssen diese aber gleich halb oder ganz unbekleidet abgebildet werden? Warum muss es dazu noch eindeutig »zweideutige« Werbetexte geben? Dies ist nur aus dem Grund so, da eine Frau ein Produkt besser verkauft, was wieder in der primitiven Denkweise der Männer liegt. Es geht zu Lasten der Frau. Hierzu möchte ich einige Beispiele der 90er Jahre bis heute (= 2006) anführen (aus rechtlichen Gründen darf ich den »Werbeträger« nur umschreiben, da mir bei direkter Nennung rechtliche Konsequenzen drohen könnten).

❖ 90er Jahre: Ein Kosmetikerzeugnis wird damit beworben, dass ER sich besonders wohl fühlt, wenn SIE ihn damit behandelt. Der Werbeslogan heißt: »Einmal am Tag sollte sich ein Mann so wohl fühlen!«. Da sollte jedem klar sein, in welche Richtung das »Wohlfühlen« geht.

❖ Ein bestimmtes alkoholisches Getränk (90er Jahre) wird mit dem Slogan beworben, dass aller guten Dinge Drei sind (mit einer Frau in der Werbung, die von drei Männern angehimmelt wird). Der Betrachter wird dabei wohl kaum an das Produkt denken.

❖   Hier geht es um Süßwarenwerbung. Eine Frau trägt ein Kleid in der Farbe der Verpackung dieser Süßware. Durch den Werbetext wird ein Bezug zur Sinnlichkeit des Produktes hergestellt. Der Betrachter wird da wohl kaum an das Produkt denken.

❖   Ein Paar, in zärtlicher Umarmung, wirbt für ein Produkt. Der Werbetext, der eigentlich auf das Produkt hinweisen sollte, gibt aber zu verstehen, dass verborgene Wünsche geweckt werden.

Die Liste der Beispiele lässt sich erheblich erweitern. Alle Beispiele aufzuführen würde wohl Bände von Büchern füllen. Werbung in dieser Form ist bestimmt nicht dazu geeignet, das Image von Frauen zu verbessern. Es sei aber auch erwähnt, dass es Werbung gibt, die sich nicht in derartig primitiver Art der Gedankenkette Frau + Erotik/ Sex = Werbung bedient. Es geht also auch anders, wenn Man(n) will!

3.) Rechte, die ER sich nimmt und IHR abspricht:

Beispiel: Ein Paar befindet sich in der Stadt und macht einen Schaufensterbummel. Diesem Paar kommt eine Frau entgegen, die sich nicht in Begleitung einer anderen Person befindet. Obwohl der Mann des Paares weiß, dass seine Frau neben ihm geht, schaut er dieser anderen Frau ungeniert nach.

Diese Situation passiert täglich. Der Mann schaut danach seine Frau an. Er will prüfen, ob seine Frau etwas gemerkt hat und wie sie reagiert. Allerdings gibt es auch einige Männer, die ihre Frau ansehen, um die mit der anderen Frau zu vergleichen. Würde dem Paar nun aber ein Mann ohne Begleitung entgegenkommen und die Frau des Paares wagt es, diesen Mann nachzusehen, reagiert ihr Partner empört, eifersüchtig, beleidigt, wird laut oder macht ihr Vorwürfe. Es ist halt für einige Männer selbstverständlich, dass sie einer anderen Frau nachsehen dürfen, es sich für seine Frau aber nicht gehört, gleiches bei einem anderen Mann zu machen. Ich denke, was der eine darf, darf der andere auch. Dabei sollte aber gewährleistet sein: schauen = ja, handeln = nein – aber gültig für beide Partner. Das ein Mann alleine oder mit Freunden ausgeht, ist für ihn normal. Einige Männer verbieten gleiches aber ihren Frauen. Soviel zum Thema Gleichberechtigung …!

c) Betrug an Frauen vor Gericht:

Das Schlimmste, was ein Mann einer Frau antun kann, sind sexuelle Belästigung und Vergewaltigung. Bei der sexuellen Belästigung gibt es viele Formen, wie diese aussehen kann. Die häufigste Form der direkten Belästigung ist die, durch zweideutige, anzügliche Äußerungen. Fast genau so oft gibt es die Form, dass die Frau gegen ihren Willen berührt/ angefasst wird. Dabei umarmt er sie oder berührt sie am Po und oder Busen. Wehrt sich die Frau dagegen, bekommt sie noch dämliche Sprüche zu hören, wie: »Stell dich nicht so an!«, »Du willst es doch selber!« oder »Es gefällt dir doch auch!«. Dies zeigt die primitive Denkweise der so handelnden Männer. Sie nehmen sich das Recht heraus, so zu handeln und erwarten, dass die Frauen sich dies gefallen lassen und still halten. Dies ist schon schlimm genug. Weitaus schlimmer sehe ich da Pornolalie (= obszöne, zweideutige Anrufe) an. Diese verbale Belästigung kann, wie einem geraten wird, einfach durch Auflegen beendet werden. Dies sehe ich anders. Wer ist spontan in der Lage aufzulegen? Wenn einem derartiges passiert, dann ist man zunächst so geschockt, dass man nicht reagieren kann. Nach einem solchen Erlebnis bleibt auch die ständige Angst beim Opfer, wenn das Telefon klingelt, dass es wieder dieser Anrufer ist. In jedem Fall bleiben Schock und Angst beim Opfer zurück. Dieser Telefonterror nimmt immer üblere Tendenz an, da es für den Täter möglich ist, sich ohne direkte Berührung an der Frau zu vergehen, ohne gesehen oder erkannt zu werden – und das alles für ein paar Cent Telefongebühren. Für mich ist Pornolalie bewusste psychische Vergewaltigung. Daher bin ich der Meinung, dass sie strafrechtlich der Vergewaltigung gleichgestellt werden sollte, um jene Täter einer gerechten Strafe zuzuführen. Diese Form der verbalen Vergewaltigung zieht bereits solche Kreise, dass Täter von ihrem Opfer Telefonsex verlangen. Das Opfer wird zu sexuellen Handlungen an sich selbst aufgefordert. Als Druckmittel gibt er vor, dem Kind oder Mann des Opfers etwas anzutun, wenn sie ihm nicht gehorcht. Aus Angst folgt das Opfer den Anweisungen des Täters. Die oftmals viel zu geringe Bestrafung eines Täters hat da ganz bestimmt keine abschreckende Wirkung. Zur Rechtssprechung komme ich aber später noch.

Die Vergewaltigung ist das schlimmste Verbrechen eines Mannes an einer Frau. Dabei vergehen sich diese Männer auch an der eigenen Ehefrau, der Tochter, einige sogar an Jugendlichen oder Kindern. In jedem Fall bleibt ein lebenslänglicher seelischer und psychischer Schaden zurück. Im Falle des Verbrechens an der eigenen Tochter oder an einem Kind kommt noch ein anderer belastender

Aspekt hinzu: es gibt Fälle, wo man den Opfern nicht glaubt. Man wehrt die Tat als Kinderlüge ab. Im Falle des Vergehens an der eigenen Tochter schweigen viele Mütter aus Schamgefühl oder Angst, der Gewalt des Partners ausgesetzt zu sein, obwohl sie von dem Vorfall wissen. In der gleichen Art und Weise verhalten sich Frauen, die vom eigenen Partner zum Sex gezwungen werden. Sie sagen sich: »Ich kann ihn nicht anzeigen. Er ist mein Mann. Ich liebe ihn doch«. Dies Verhalten kann jedoch dazu führen, dass die Vergewaltigung der Tochter oder Frau kein Einzelfall bleibt. Der Mann erkennt, dass ihm keine Gefahr droht. Er wird seine Macht ausleben und seine Tat immer wieder wiederholen. In vielen Filmen im Fernsehen, auf Video und auf DVD werden derartige Szenen zeitweise sehr ausführlich gezeigt, wobei ich die Notwendigkeit bezweifele. Welche Logik steckt dahinter, dass man zeigt, wie eine Frau durch einen Mann gewaltsam geschädigt wird, per Gesetz aber Zigarettenwerbung im Fernsehen verboten ist, wobei man durch das Rauchen hauptsächlich sich selbst schadet? Die abschreckende Wirkung scheint mir von jenen Männern eher als eine Art »Schulfernsehen« gesehen zu werden. = »Wie mache ich es richtig? Praktische Tipps zum Begehen einer Straftat.«. Es gibt tatsächlich Männer, die ihre Tat vor Gericht tatsächlich damit rechtfertigen, dass sie durch derartige Filme erst auf die Idee gebracht wurden, eine solche Tat zu begehen. Daher wäre es sinnvoll, derartige Szenen nur anzudeuten oder gar nicht zu zeigen. Was Mann nicht sieht, kann ihn nicht auf die Idee bringen, es nachzumachen. Dies könnte die Zahl derartigen Delikte vielleicht deutlich verringern.

Dies Kapitel möchte ich im weiteren Verlauf in zwei Bereiche unterteilen: in IST und SOLL.

Anmerkung: Dies Thema wird von mir besonders im IST – Teil in deutlicher, provokanter Art geschildert, was von mir völlig beabsichtigt ist. Dadurch wird es unmissverständlich. Zeitweise kann das, was ich schreibe, auch lächerlich wirken. Auch das ist Absicht. Es soll zeigen, wie der beschriebene Sachverhalt auf mich wirkt, nämlich lächerlich! Ich beginne mit dem IST – Teil, in Bezug auf Aussage, Tatzeugen, Verhandlung und Strafmaß, wobei ich meine Meinung dazu deutlich sage.

Sexualverbrechen

Grundsätzlich ist Vergewaltigung nicht nur ein Vergehen am Körper einer Frau gegen ihren Willen, sondern der Mord an ihrem »Ich«. Daher plädiere ich dafür, dass solche Taten wie Mord abgeurteilt werden. Mit dem Mord am »Ich« meine ich, dass eine betroffene Frau nie mehr die Selbe ist oder wird, die sie vor der Tat einmal war. Es ist doch so, dass jene Frau mit dieser Peinigung weiterleben muss und im täglichen Leben immer wieder damit konfrontiert wird, durch Gerede von Mitmenschen, durch das Weiterleben mit der Tat, durch das Wiedererleben in Träumen. Ganz abgesehen davon bleibt der Frau nach einer solchen Tat, der sie zum Opfer fiel, wirklich nichts erspart.

IST: Nach der Tat und Überwindung des ersten Schocks stellte die Frau alleine oder, nach dem sie sich ihm anvertraut hat, mit ihrem Partner Anzeige bei der Polizei. Damit beginnt der beschämende und erniedrigende Weg der Frau, in dessen Verlauf sie des Öfteren erkennen wird, wie wenig eine Frau in vielen Fällen wert ist und wie primitiv mitunter über sie argumentiert wird – und das von Leuten, von denen sie sich Hilfe erwartet.

Bei der Polizei: anstatt die Anzeige aufzunehmen, Vergewaltigung als Tat zu notieren und sich auf die Täterbeschreibung, Tatort und Tatzeit zu konzentrieren, geben sich die Beamten damit nicht zufrieden. Mit der Aufforderung: »Erzählen sie doch bitte einmal genau, was und wie es passiert ist.« wird der Verdrängungsprozess behindert, fast unmöglich gemacht. Die Polizei hat keine Befugnis, einen Täter zu verurteilen. Deshalb sollen sie sich darauf beschränken, den Täter zu stellen und festzunehmen. Der ganz genaue Tathergang spielt dafür wohl überhaupt keine Rolle. Die Frau muss da unweigerlich zu der Ansicht gelangen, dass es sich um pure Neugierde der Beamten handelt.

Vor Gericht: Nach dem Motto »Aller guten Dinge sind drei« muss die Frau den kompletten Tathergang zum dritten Mal durchleben:

1. die Tat selbst, 2. die Aussage bei der Polizei, 3. die Aussage vor Gericht.

Dies ist vor allem dann erniedrigend, wenn es sich dann auch noch um eine öffentliche Verhandlung, mit Zuschauern im Gerichtssaal, handelt. Diese gibt es wirklich. Während einer Umschulung, wo wir im Rechtskundeunterricht im Landgericht Dortmund als Zuschauer im Gerichtssaal waren, wurde auch ein solcher Fall verhandelt. Da ist die Frau doch »begeistert«, dass sie ihr Leid einmal der Öffentlichkeit mitteilen darf. (Ich habe gesagt, dass meine Ausdrucksweise zeitweise lachhaft wirken kann. Dies ist ein Beispiel dafür.) Wer entscheidet eigentlich, dass eine solche Verhandlung öffentlich ist? Diese Person sollte sofort entlassen werden.

Ein wesentlicher Punkt bei der Urteilsfindung scheint auch das Verhalten der Frau während der Tat zu sein. Allein hierbei ist die Frau als Opfer schon die Dumme. Egal, wie sie sich verhalten hat: nach Auslegung vom Gericht und der Verteidigung war es falsch. Es ist die Frage: »Haben sie sich gewehrt?«, die jedes Opfer zur »Schuldigen« macht. Die Antwort auf diese Frage wird ihr zu ihrem Nachteil ausgelegt. Wie sieht das praktisch aus? 1.) »Ja! Ich habe auch immer wieder Nein gesagt!«. Hier heißt es: »Wenn sie sich nicht gewehrt hätten, hätte der Mann aufgehört, da es ihm die Lust genommen hätte!« 2.) »Nein! Ich habe auch nicht Nein gesagt!« Hier heißt es: »Das war falsch. Dadurch hat der Mann geglaubt, sie wollen selbst und haben auch Spaß daran …!!!«. Es wird immer zu Lasten der Frau ausgelegt, und man redet vom Mann oder Angeklagten, nicht vom möglichen Täter. Solange eine Person einer Tat nicht überführt ist, ist er kein Täter und wird auch nicht als solcher bezeichnet. Da gilt halt das Unschuldsprinzip. Wenn man aber vom »möglichen Täter« reden würde, könnte es sein, dass beim Opfer der Gedanke vorhanden ist, dass man überhaupt versucht, ihr zu glauben. Dies soll nur eine kleine Anregung von mir sein. Noch blödsinniger ist der Punkt der Bekleidung des Opfers zur Tatzeit. Wenn das Opfer ein T-Shirt und enge Jeans oder ein bauchfreies Top und Minirock getragen hat, dann hat sie die Tat natürlich selbst herbeigeführt und den Täter dadurch zur Tat ermuntert oder ermutigt. Wie kann man auch so herumlaufen? Zu diesem Punkt beziehe ich aber noch im SOLL – Teil, Punkt Strafe, deutlich Stellung. Hier folgt aber schon folgende Meinung und Stellungnahme von mir.

1.) Bekleidung: Ich schicke voraus, dass ich niemanden beleidigen möchte, der dies aus Überzeugung tut. Heißt dies aber, dass Frauen nur noch in knöchellangen, orientalischen Gewändern, unter zusätzlicher Verwendung von Kopftuch und Mundschutz herumlaufen dürfen, oder wie soll man diese Auslegung sonst verstehen?

2.) Tathergangsbeschreibung: Würde man auch den genauen Tathergang erfragen, wenn die eigene Ehefrau oder Tochter eines Prozessbeteiligten (Richter, Staatsanwalt, Verteidiger) vor einem sitzt, um ihre Aussage zu machen? An das Gericht stelle ich folgende Fragen: a.) (falls es sich um eine weibliche Richterin und/ oder Verteidigerin handelt) Wird die Bekleidung auch so gesehen, wenn sie selbst in der Situation des Opfers sind? Wird dann auch so bewertet und geurteilt? b.) Wie soll sich ein Opfer denn bitte schön wehren, wenn es mehr als ein Täter ist und ihre Arme und / oder Beine dabei festgehalten werden? Wir waren aber beim IST. Also machen wir damit weiter.

3.) Tatzeugen: Vom Verhalten her gibt es hier drei Gruppen:

a.) die Resoluten, b.) die Passiven, c.) die Aktiven.

a.) die Resoluten: sie eilen dem Opfer zur Hilfe und gehen dazwischen.

b.) die Passiven: Sie gehen vorbei und stellen sich taub und blind. Sie beschränken sich darauf, nichts zu hören und nichts zu sehen. Schließlich sind sie ja nicht betroffen. Sie wollen keinen Ärger. Dies ist, vom Verhalten her, die wohl zahlenmäßig größte Gruppe. Sie rechtfertigen ihr Verhalten mit Ausflüchten, wie »Wir kannten die doch nicht. Vielleicht wollte sie ja selbst …!« bis hin zu »Wie? War was? Habe ich gar nicht mitgekriegt!«. Besonders tief betrübt mich dabei die Tatsache, dass manches Opfer noch leben könnte, wenn die Tatzeugen ihre passive Rolle aufgeben würden und zumindest die Polizei anrufen würden. Es gibt nämlich Fälle, in denen der Täter das Opfer nach der Tat ermordet, da sie ihn erkannt hat – auch Kinder! Darüber sollte sich jeder seine eigenen Gedanken machen.

c.) die Aktiven: Die gibt es leider auch. Diesen »Kreaturen« spreche ich das Recht ab, Menschen zu sein! Dazu stehe ich vollkommen – ganz ehrlich! Es sind die Leute, die zusehen, statt dem Opfer zu helfen (jetzt wird es bewusst makaber, um es deutlich zu machen), und Stimmung wie im Fußballstadion erzeugen. Erst ermuntern sie den Täter durch dämliche, abartige Sprüche, wie »Fester! Sie merkt noch nichts!«, oder »Hört mal, wie die sich freut, dass sie es endlich mal besorgt bekommt!« (Die Individuen gibt es wirklich!) zum Weitermachen. Später bleibt es, in einigen Fällen, nicht dabei. Ein Mann oder mehrere Männer helfen dem Täter, nicht der Frau, und halten sie fest und vergehen sich auch noch an ihr, als würden die denken»Auf einen mehr oder weniger kommt es jetzt ja wohl auch nicht mehr an!«. Es fehlt eigentlich noch, dass diese hirnlosen Kreaturen (eine andere Bezeichnung fällt mir für diese Wesen nicht ein) alles auf Video oder per Foto aufnehmen und am Ende eine »Zugabe« fordern. Am erschreckensten ist für mich die Tatsache, wie die Realität beweist, dass unter den Zuschauern auch Frauen sind, die mitgrölen! Davon sind mir leider einige Fälle bekannt, wobei jeder einzelne Fall einer zuviel ist. Man soll es zwar nicht tun, aber solchen Frauen stelle ich die Frage, ob sie das auch noch so »Klasse« finden, wenn sie selbst das Opfer (mit Zuschauern) sind. Das kann ich mir nun wirklich absolut nicht annähernd vorstellen.

4.) Strafe: Sie ist ein totaler Witz – absolut lachhaft. Da gibt es sogar Freisprüche. Wird jemand bestraft, kann es sein, dass es auf Bewährung ist. Dies kommt mir vor wie ein Schulterklopfen mit erhobenen Zeigefingern und den Worten: »Das musst du aber nicht noch einmal tun. Das darf man doch nicht.« Man soll es zwar nicht tun, aber solchen Frauen, die so urteilen, sollte man wünschen, dass es ihnen auch einmal- mit Zuschauern und Hilfe für den Täter- so ergeht. Vielleicht finden sie die ganze Sache dann weniger lustig (= bewusste Provokation).

Anmerkung: Auch hier ist die Art meiner Ausdrucksweise beabsichtigt. Sie soll zeigen, wie die Urteile und die Auslegung vor Gericht auf mich wirken.

Abgesehen davon, als hätte eine Vergewaltigung, in der Einstufung der Schwere der Tat, in etwa den Stellenwert von einem Ladendiebstahl, kann ich mich des Eindrucks nicht erwehren, als wäre die Strafe für den Täter nicht für die eigentliche Tat, sondern für seine »Blödheit«, sich erwischen zu lassen. Es entsteht für mich des Weiteren der Eindruck, dass mit Mitgefühl für den Täter geurteilt wird. Es fehlt dabei eigentlich nur noch, dass dem Opfer dabei gesagt wird: »Das müssen sie auch einmal aus seiner

Sicht sehen. Er ist vielleicht ohne Frau und hatte gerade Lust darauf. Da könnten sie ruhig ein bisschen mehr Verständnis für haben. Außerdem sind Frauen doch dafür da (Denkweise etlicher Männer), um mit Männern zu schlafen. Weshalb also die ganze Aufregung?«. Dies alles, für lebenslängliche Schädigung des Opfers, geschieht im Namen des Volkes- wirklich? NEIN! Es muss heißen: »Im Namen des Mannes!«, oder, noch wahrer, »Aus Mitgefühl für den Täter!«. Dies Thema zeigt wohl am eindrucksvollsten die männliche Denkweise und bestätigt meine Behauptung, dass im Leben das Motto »Alles für den Mann!« zählt. Es zeigt, dass für einige Männer Sex die Hauptaufgabe der Frau ist.

Kommen wir zum SOLL- Teil. Hier schreibe ich nun darüber, wie es sein könnte, aber nicht ist, weil Man(n) es so nicht will!

SOLL: Grundsätzlich ist es beschämend darüber zu reden. Es sollte eigentlich selbstverständlich sein. Aber es muss sein: Schluss mit sexueller Belästigung und, natürlich erst recht, Schluss mit Vergewaltigungen. Daher würde ich mir folgendes wünschen.

Bei der Polizei: Anzeige wegen Vergewaltigung aufnehmen, Personenbeschreibung des Täters aufnehmen, Tatort und Tatzeit notieren, Fluchtweg und -richtung des Täters erfragen. Wichtig ist der Verzicht der genauen Schilderung des Tathergangs, da dies nicht dazu beiträgt, den Täter zu finden. Der Tathergang ist ausschließlich Sache des Gerichtes.

Vor Gericht: Warum muss das Opfer, die Frau, alles wörtlich schildern? Wäre es nicht auch genug, dies schriftlich, in dreifacher Form, einzureichen? Ausfertigung 1. für das Gericht, Ausfertigung 2. für den Anwalt des Opfers, Ausfertigung 3. für den Verteidiger des Täters, der nach meinem menschlichen Empfinden, aufgrund seiner Tat, keinen Verteidiger verdient. Sämtliche Verhandlungen über derartige Vergehen dürften generell nur unter Ausschluss der Öffentlichkeit stattfinden.

Tatzeugen: Jeder Autofahrer ist verpflichtet, einer, durch einen Unfall verletzten Person, zu helfen. Daher bin ich für die Einführung der Hilfspflicht. In vielen Fällen könnte die Tat verhindert oder in der Dauer verkürzt werden, da Tatzeugen zwei oder mehrere Personen sind, der Täter aber eine Einzelperson ist. Sollte es sich aber um eine Tätergruppe oder einen bewaffneten Einzeltäter handeln, ist natürlich niemandem zuzumuten, direkt einzugreifen. Jeder Tatzeuge sollte aber dazu verpflichtet werden, sofort die Polizei zu informieren. Dadurch besteht die Möglichkeit, manchen Täter noch am Tatort festzunehmen. Dies erspart der Polizei langfristige Ermittlungsarbeiten, wenn Zeugen und Polizei schnell genug handeln und reagieren. Dies ist bislang leider noch ein Wunschtraum, wie die Realität zeigt.

Strafe: Für mich gibt es für Sexualverbrechen nur eine gerechte Strafe, die aber leider nicht anwendbar ist. Leider wurde seinerzeit in Frankreich, bei Erfindung des Fallbeils, vergessen, eine kleine Ausgabe dieses Gerätes für jenes männliche Körperteil zu entwickeln. Daher wären folgende Urteile für mich gerecht:

    a.)   für den Täter: 3- 4facher Tatbestand, daher auch Verurteilung in diesen 3-4 Punkten:

    1.   Vergewaltigung, unter Berücksichtigung der Folgeerscheinungen beim Opfer

2.   vorsätzliche Körperverletzung

3.   Mord am »ich« des Opfers und, sofern Tatzeugen/ Zuschauer den Täter helfen, in dem sie die Frau festhalten oder sich auch noch an der Frau vergehen

4.   Anstiftung zur Vergewaltigung, vorsätzliche Körperverletzung und Mord am »ich« des Opfers

b.)   für die Tatzeugen: hier unterscheide ich wieder die drei Gruppen, wie im IST- Teil.

1.   die reinen Zuschauer: Anklage und Verurteilung wegen unterlassener Hilfeleistung

2.   Zuschauer, die dem Täter helfen, indem sie das Opfer festhalten: 1. unterlassene Hilfeleistung, 2. vorsätzliche Körperverletzung, 3. Beihilfe zur Vergewaltigung, vorsätzliche Körperverletzung und Mord am »ich« des Opfers

3.   Zuschauer, die sich selbst auch noch an der Frau vergehen: 1. unterlassene Hilfeleistung, 2. vorsätzliche Körperverletzung, 3. Vergewaltigung, unter Berücksichtigung der Folgeerscheinungen beim Opfer, 4.Mord am »ich« des Opfers, 5. Beihilfe zur Vergewaltigung, vorsätzliche Körperverletzung und Mord am »ich« des Opfers

Bei Anwendung dieser Strafen könnte die Anzahl der Vergewaltigungen zurückgehen. Auf jeden Fall wäre dies aber so bei der Anzahl der Tatzeugen/ Zuschauer, die, statt der Frau, dem Täter helfen oder sich selbst auch noch an der Frau vergehen, da sie eine gleich hohe bis höhere Strafe erhalten, wie der eigentliche Täter. Diese Strafen, verbunden mit der Pflicht zur Hilfeleistung, könnten manchen davon abhalten, eine derartige Tat zu begehen. An erster Stelle muss aber stehen, dass alle Täter auch als Täter gesehen werden und nicht für bekannte Persönlichkeiten andere Regeln zählen und als Urteil fast nur Freispruch in Frage kommt. Aufgrund der realen Gegebenheiten ist es wenig verwunderlich, wenn betroffene Frauen keine Anzeige stellen, da sie ja eh als Schuldige hingestellt werden. Sie werden bloßgestellt, beleidigt und betrogen (was das Urteil angeht). Durch den Verzicht auf Stellen einer Anzeige erspart sich die Frau viele beschämende Zumutungen und Unterstellungen. Sie trägt ihr Leid lieber allein. Dies ist auch die Konsequenz aus der nicht zu begreifenden Rechtsprechung, die dem Hirn einiger Männer entsprungen sein muss. Da gilt manchmal scheinbar das Motto: »Wir Männer müssen zusammenhalten!«. Daher fordere ich: 1. Keine Berücksichtigung des Punktes Verhalten des Opfers während der Tat. »Wehren oder nicht wehren?«, darf keine Frage sein, da eine Vergewaltigung eine solche ist und bleibt, egal, wie die Frau sich verhalten hat. 2. Keine Berücksichtigung des Punktes Bekleidung des Opfers zur Tatzeit. Es kann nicht angehen, dass der Frau die Schuld zugewiesen wird, weil sie enge, kurze Bekleidung trägt. 3. Klage wegen Beleidigung gegen Richter(in) und Verteidiger(in). Für mich ist es Rufmord, wenn diese Personen behaupten, eine Frau würde durch ihr Verhalten und ihre Bekleidung zu einer solchen Tat ermuntern, ermutigen oder anregen! Die Forderungen, die ich unter Punkt 2 und 3 gestellt habe, werde ich nun genauer begründen. Dabei werde ich deutlich. Wenn eine Frau (= extremes Beispiel) einen extrem kurzen, super engen Minirock und dazu nur ein Bikini- Oberteil trägt, macht sie dies bestimmt nicht, um Männer zum Sexualverbrechen anzuregen, als wolle sie durch ihre

Bekleidung signalisieren: »Hallo Männer! Wo seid ihr? Ich will vergewaltigt werden.«. Dies wird ihr aber durch die Verwendung von Worten wie ermuntern, ermutigen, anregen absichtlich und böswillig vorgeworfen und unterstellt. Dadurch wird dann auch die Handlung des Täters seitens der Verteidigung gerechtfertigt. Er habe sich halt herausgefordert gefühlt und konnte sich nicht mehr zurückhalten. Für derart billige Ausreden habe ich überhaupt kein Verständnis. Jenen Männern, die dem Anblick einer Frau nicht standhalten können und extrem in Erregung geraten, sei gesagt, dass dies niemals eine Vergewaltigung rechtfertigt. Sie sollten gefälligst von einer der drei folgender Möglichkeiten, statt von der Frau, Gebrauch machen. Sie sollten:

a.　wegschauen.

b.　Zur eigenen Partnerin gehen.

c.　Sich, für den Fall, dass er Single ist, daran erinnern, dass jeder Mensch zwei Hände an seinem Körper hat. Wenn er sich dann daran erinnert hat, sollte er deren »Funktionen nutzen« – aber an sich selbst.

Zusammenfassend kann man alles in einem Satz sagen: Es reicht- und zwar endgültig!!!

Die Frauen dürfen vom Gericht nicht länger im Stich gelassen werden. Mit Unverständnis reagiere ich auch auf die Auslegung von Gesetzen und die unterschiedliche Deutung des Wortes Gewalt. Zur Vergewaltigung heißt es:

§ Nötigung einer Frau durch Drohung oder Gewalt mit Gefahr für Leib und Leben, außerehelichen Beischlaf zu dulden, strafbar mit Freiheitsstrafe nicht unter 2 Jahren. Strafbar sind auch sexuelle Nötigung und sexueller Missbrauch Widerstandsunfähiger. §

Die Vorgabe, dass eine Vergewaltigung mit einer Freiheitsstrafe von nicht unter 2 Jahren bestraft werden soll, findet in der Praxis oftmals keine Anwendung. Da werden Bewährungsstrafen verhängt, obwohl im Gesetz das Wort Bewährung überhaupt nicht erwähnt wird.

Jener Satzteil »… Gewalt mit Gefahr für Leib und Leben, …« ist der, weshalb ich davon sprach, dass das Wort Gewalt unterschiedlich ausgelegt wird. Kann es denn richtig sein, dass das Entreißen einer Handtasche als gewaltsamer Raub gilt, während, im Falle der Vergewaltigung erst eine Gefahr für Leib und Leben bestehen muss, damit der Tatbestand der Gewaltanwendung erfüllt ist? Ganz bestimmt kann und darf es so nicht richtig sein! Dies hieße ja, dass der private »tote« Besitz, in Form einer Sache, per Gesetz besser geschützt ist, als der Körper einer Frau. Hierfür fehlt mir jegliches Verständnis! Darin sehe ich keine Logik, was aber daran liegt, dass in dieser Auslegung keine Logik steckt. Es kann doch nicht ernsthaft verlangt werden, dass ein Vergewaltigungsopfer offen zu sehende Wunden haben muss, damit das Gericht die Anwendung von Gewalt als erwiesen ansieht. Es scheint aber oftmals so zu sein. Hier ist es dringend erforderlich, mit dem Umdenken zu beginnen, und das so schnell wie möglich. Das davon gesprochen wird, dass die Drohung ausreicht, um den Tatbestand zu erfüllen, scheint vor Gericht keinen so richtig zu interessieren. Anders sind für mich Freisprüche und Bewährungsstrafen nicht zu erklären, als mit der Tatsache, dass dieser Punkt ignoriert wird. Für mich ist der Tatbestand erfüllt, wenn die Frau »NEIN« sagt und der Täter sie trotzdem weiter bedrängt. Erst recht ist von

Gewaltanwendung zu reden, wenn der Täter der Frau die Arme festhält und/ oder ihr die Beine gegen ihren Willen auseinanderdrückt. Alles, was gegen den Willen der Frau geschieht, ist für mich erzwungen durchgesetzt worden- und somit ganz klar Anwendung von Gewalt. Es will ja wohl keiner behaupten, dass die Frau ihre Beine in einer solchen Situation nur zusammenhält, um es dem Mann nicht zu leicht zu machen. Vor Gericht wird dies aber oft anders ausgelegt. Auch dazu fallen mir nur zwei Worte ein: Es reicht!!!

Die Ehre der Frau wird in unserer Gesellschaft mit Füßen getreten. Um dies zu beweisen, möchte ich hier nun tatsächliche Beispiele anführen, reale Urteile und reale Sachverhalte, was Frauen so alles geschieht.

Urteile:

1. Oberlandesgericht Schleswig (Quelle: Pressemitteilung), AZ 15U 28/92: Einer Frau, die vom Ehemann vergewaltigt wurde, werden 2000,00 DM Schmerzensgeld zuerkannt, obwohl sie mehrfach sagte, dass sie keinen Sex will.

2. 18.05.1998- Dortmund (Quelle: Tageszeitung): Jeden Tag fährt ein 14jähriges Mädchen mit dem Bus zur Schule, in dem sich ein 32jähriger, vorbestrafter Sexualverbrecher befindet. Weil es keinen Therapie- Platz für ihn gibt, bleibt er auf freiem Fuß. Wie wurde reagiert? Dem Mann wurde lediglich Hausverbot erteilt und ein uniformierter Bediensteter bestellt, der täglich mitfährt, um die Einhaltung des Verbotes zu überprüfen. Der Landschaftsverband erklärt hierzu: »Solange keine neuen Kliniken gebaut werden, bleiben die Täter auf freiem Fuß«.

3. 30.01.1995, Landgericht Dortmund (Quelle: bei Prozess war ich selbst anwesend / siehe »Vor Gericht«): In diesem Prozess ging es um den sexuellen Missbrauch einer damals 18jährigen geistig und körperlich behinderten jungen Frau. Angeklagt waren ihr Vater, ihr Onkel und einer ihrer Brüder. Diesen Männern wurde sexueller Missbrauch in mehreren Fällen in Form von Oral- und Geschlechtsverkehr über mehrere Jahre hinweg vorgeworfen. Zur damaligen Zeit, wie noch heute, lebt die Frau in einem Behindertenwohnheim. Zu den Taten kam es an den Wochenenden, wenn die Frau bei ihrer Familie war. Die Tat konnte nur durch die Aufmerksamkeit einer Betreuerin aufgeklärt werden, die sich wunderte, dass die junge Frau an den Wochenenden nicht zu ihren Angehörigen wollte. Sie hinterfragte die Sache, erfuhr die Wahrheit und erstattete Anzeige. Während der Verhandlung gestanden der Bruder und der Onkel je eine Tat, der Vater zwei Taten ein. Zu einem späteren Zeitpunkt ließ der Vater erklären, dass es auch fünf bis sieben Taten gewesen sein können. Die Staatsanwaltschaft forderte für den Onkel 1 ½ Jahre auf Bewährung, für den Bruder 3 Jahre und 10 Monate und für den Vater 5 Jahre Haft. Das Gericht- meine Hochachtung, wenn auch noch zu gering- ging über diese Forderung hinaus: – für den Onkel: 2 Jahre auf Bewährung, – für den Vater 5 ½ Jahre Haft, – für den Bruder: 4 Jahre Haft. Es gibt aber auch »gerechtere« Strafen.

4. 19.12.1994: Frankfurt am Main: Ein US- Militärgericht verurteilt einen US- Soldaten zu lebenslanger Haft, da er ein 2jähriges Mädchen vergewaltigt und anschlie-

ßend ermordet hat (Quelle: ARD- Videotext). Das sind Fälle, wo ich die Todesstrafe befürworten würde.

5. 30.11.1994 Landgericht Köln: Wegen sexuellen Missbrauchs in insgesamt 69 Fällen wurde ein 51jähriger Grundschullehrer angeklagt. Seine Opfer waren zwischen acht und elf Jahre alt. Das Urteil: 2 ½ Jahre Haft und drei Jahre Berufsverbot! (Quelle: ZDF- Videotext) Ist das gerecht?

Reale Sachverhalte: Diese Sachverhalte sind wahr. Sie sind mir bekannt, da es sich um Bekannte von mir handelt. Ich habe die Geschehnisse teilweise selbst miterlebt. Trotz Anzeige und klaren Beweisen wurden die Frauen vor Gericht betrogen.

1.) J. D. aus M.: (Es dürfte verständlich sein, dass ich in allen Fällen auf Ort und vollständigen Namen der Frau verzichte. Sie alle haben genug Leid ertragen.) Mit 10 Jahren wurde sie von ihrem Vater missbraucht. Es war der 2. Mann ihrer Mutter. Ihr leiblicher Vater war nicht besser. Er missbrauchte sie, als sie 5 ½ Jahre alt war. Heute lebt sie in einer Frauen- WG, zuvor in einem Frauenhaus- da war sie gerade mal 16 Jahre alt. Es ist gut, dass es Institutionen, wie Frauenhäuser gibt. Allerdings wäre es schön, und unsere Pflicht, dass wir Männer uns so verhalten, dass diese unnötig werden. Ist das zu viel verlangt?

2.) J. M. aus Österreich J. über ihre Mutter (Originalwortlaut): »Mein Vater schlug meine Mutter und meine Schwester mehrmals in der Woche. Nur mich ließ er in Ruhe. Er war Alkoholiker. Meine Mutter hätte sich scheiden lassen können. Erst nach 20 Jahren schaffte sie es.« Wie viel Leid muss diese Frau in all den Jahren erfahren haben?

3.) S. B. aus B. (mein Extremfall): Sie wurde schwanger, als sie 19 Jahre alt war. Ihr Ehemann verließ sie deshalb, da er keine Kinder wollte. Er kündigte sofort seinen Job, um keinen Unterhalt zahlen zu müssen. S. B. war am Boden zerstört. Sie schrieb mir daraufhin die folgenden Zeilen: »Von meinem seelischen Zustand will ich gar nicht reden. Ich stelle mir immer wieder die Frage, warum es mir passieren musste. Jetzt muss ich damit fertig werden.« Mit 13 Jahren wurde diese Frau von Mitschülern vergewaltigt. Keiner glaubte ihr. Nun, mit ihrem Mann, erlebte sie die nächste Erniedrigung und Demütigung. Da ihre Wohnung zu groß war, durfte ihr Mann dort wohnen bleiben, bis er eine eigene Wohnung gefunden hatte. Was ergab sich daraus? S. wurde von ihm im angetrunkenen Zustand zusammengeschlagen. Anschließend trat er ihr, am Boden liegend, in den Bauch, bis sie das Baby verlor. Er erhielt eine geringe Bewährungsstrafe, da er unter Alkohol stand. Danke deutsche Rechtsprechung!

Damit möchte ich das Thema der Realbeispiele beenden. Abschließend möchte ich zur Gesamtthematik noch zwei Punkte ansprechen, die mir auf dem Herzen liegen. Da hab ich ein ungutes Gefühl, wenn ich sie sehe. Es muss ein Ende mit Stadtplanungen ohne Überlegung haben. Es sollten keine weiteren schlecht beleuchteten, frauenfeindlichen Wege und Plätze entstehen, da durch diese Sexualverbrechen begünstigt werden. Dazu gehören kaum beleuchtete Wege an Parkrändern und durch Grünanlagen, die man aber benutzen muss, da keine andere Möglichkeit besteht. Ähnlich gefährlich sind nicht überschaubare Treppenaufgänge und verwinkelte

Straßenunterführungen. Die Schaffung von Frauenpark-plätzen ist da ein erster Schritt in die richtige Richtung gewesen. Im zweiten Punkt geht es um eine bestimmte Art von Zeitungsinseraten, bei denen ich mir so meine Gedanken mache, wenn ich sie lese. Es geht um Mietan-gebote. Bei »… an allein stehende, junge Frau zu vermie-ten« werde ich nachdenklich. Bei all der Gewalt gegen Frauen ist bei mir ein Gefühl von Misstrauen gegenüber dieser Art von Mietangeboten entstanden. Die Erfah-rung zeigt, dass sehr viele dieser Angebote seriös sind. In der allein stehenden jungen Frau sieht der Vermieter eine Garantie für Ordnung und Sauberkeit, da er Frau im Sinne von Hausfrau sieht. Außerdem gewährleistet eine Einzelperson, dass die häusliche Ruhe nicht durch Streit mit einer, in derselben Wohnung lebenden Per-son gestört wird. Es gibt aber leider auch die, in jedem Bereich vorhandenen, so genannten schwarzen Schafe, die mit diesem Anzeigentext andere Gedanken und Absichten verbinden, nämlich die, sich den Damen in ekliger Art nähern zu können. Da sie allein wohnen, ist auch sichergestellt, dass ihr keiner zur Hilfe eilen kann. In einigen Fällen ist für die Bezahlung der Miete, nach seiner Vorstellung, etwas anderes, als Bargeld, vorgese-hen …! Dies ergibt sich aus seiner primitiven Denkweise: Frau = Bett = Sex!

Damit möchte ich das Kapitel beenden. Ich wäre sehr erfreut, wenn einige meiner Gedanken geteilt werden und zur Einsicht führen, da es so einfach nicht weiter-gehen kann und darf. Man(n) sollte in einer Frau einen Menschen mit gleichen Rechten, Träumen und Wün-schen sehen. Männer sind nicht besser als Frauen, sondern ohne diese vielfach hilflos. Wenn nur ein Mann sein Fehlverhalten erkennt und unterlässt, dann hat dies Kapitel den Erfolg gehabt, den ich mir erhoffe. Jeder Mann, der zur Einsicht kommt, ist Grund zur Hoffnung, dass wir alle gemeinsam etwas positiv verändern können – wenn Man(n) will!

Allen betroffenen Frauen wünsche ich, dass sie den Mut aufbringen und sich gegen die Gewalt wehren- notfalls durch Trennung. Ich wünsche ihnen jegliche Hilfe und Unterstützung durch die Familie, Verwandte, Freunde und Bekannte, die sie benötigen. Niemand hat eine solche Behandlung verdient. So selbstbewusst sollte jede Frau sein, dagegen anzugehen. Kein Mann hat das Recht, eine Frau in ihrem Willen zu brechen. Eine Frau, die derartige Gewalt erfahren hat, wird viel Zeit benötigen, bevor sie wieder einem Mann vertrauen kann. Traurig ist nur, dass einige dieser Frauen aus Existenzangst oder anderen Gründen zum gewalttätigen Partner zurückkehren. Der fühlt sich dann bestätigt und behandelt sie weiterhin so. Dafür sollte sich jede Frau zu schade sein. Jede Frau hat das Recht, so zu sein, wie sie ist und so geliebt zu werden.

10. Tränen: das sichtbare Zeichen von Gefühlen

Es gibt viele Arten, seine Gefühle zum Ausdruck zu bringen. Dies können u. a. Schweigen, Lachen, Zärtlichkeiten, Nervosität und auch Tränen sein. Jeder Mensch reagiert anders. Das ist völlig normal. Tränen sind das sichtbarste Zeichen von Gefühlen. Ein Lächeln kann sehr häufig gespielt sein. Bei Tränen ist dies viel seltener möglich. Sie sind ehrlich. Welche Anlässe gibt es nun, auf die wir mit Tränen reagieren? Warum weinen wir Menschen?

Dies können: Geburt, Todesfall, Wiedersehen, Abschied, Liebe, Freude, Enttäuschung, Wut, Ende einer Beziehung, Angst u. a. sein. So kann man also sagen, dass Tränen als Einleitung (bei positivem Ereignis) oder Abschluss (bei negativem Ereignis) stehen können. Tränen lösen die Anspannung. Sie sind befreiend, können aber auch Ausdruck dafür sein, dass wir einen Punkt erreicht haben, an dem wir nicht wissen, wie es weiter gehen soll. Von der Situation abhängig, gibt es Menschen, die öffentlich oder heimlich weinen. Einige weinen oft und schnell, andere fast nie. Zeitweise symbolisieren Tränen also nicht nur die momentane Gefühlslage einer Person, sondern geben Aufschluss über die gesamte Gefühlslage und Lebenssituation dieser Person. Mann kommt oft nicht dagegen an. Der häufigste Grund, warum wir weinen, ist sicherlich die Liebe. Hier gibt es viele Dinge, die dazu führen können. Daher möchte ich mich damit hier nun etwas ausführlicher beschäftigen.

Gründe für Tränen in Bezug auf Liebe:

a.) Beginn einer Beziehung: Man freut sich über dies schöne Gefühl. Man hat den Menschen gefunden, mit dem man den Rest des Lebens verbringen will. Man hofft auf das Ende des Alleinseins, da die Gefühle erwidert werden.

b.) zeitliche Trennung: Man fühlt sich einsam und hat Angst vor dem Alleinsein, das man nicht mehr gewohnt ist.

c.) Streit in einer Beziehung: Die harmonische Traumwelt bricht zusammen. Man ist enttäuscht. Man erkennt vielleicht einen Fehler und möchte ihn ungeschehen machen.

d.) Ende einer Beziehung: Wir sind enttäuscht, was eine große Leere und ein unglückliches Gefühl zurücklässt. Man fühlt sich allein und vermisst jenen Menschen. Es kann aber auch sein, dass man aus Schamgefühl weint. Dieser Punkt bringt häufig Frauen zum weinen, was kein Vorurteil sein soll. Dies gilt besonders für Frauen, deren allererste feste Beziehung in die Brüche ging. Es ist das Schamgefühl, wie man meint, hereingefallen zu sein. Dies ist vor allem dann so, wenn diese Frau mit jenem Mann zum ersten Mal in ihrem Leben Sex hatte und kurz danach verlassen wird. Sie fühlt sich ausgenutzt.

e.) das Verliebtsein überhaupt/ heimliche unerfüllte Liebe: Man ist verliebt. Die Person, der unsere Liebe gilt, weiß es aber nicht. Sie ahnt es nicht einmal, da man es ihr in keinster Weise eingestanden hat. Dies kann daran liegen, dass die Zielperson in einer festen Beziehung lebt, oder dass man Angst hat, abgewiesen zu werden. Allein hier gibt es drei Gründe für Tränen. 1. Verzweiflung: Man weiß nicht, ob und wie man der Zielperson die Liebe zu ihr eingestehen soll. 2. Angst: Man hat Angst, ausgelacht und abgelehnt zu werden. 3. Sehnsucht: Man wünscht sich das Ende des Alleinseins, ohne einen Weg zu kennen, dies möglich zu machen. Die Zielperson ist fest gebunden, was man weiß. Man leidet sehr darunter. Man sehnt sich nach Nähe zu ihr und danach sie wieder einmal zu sehen, weiß aber nicht, wie man dies Ziel erreichen kann. Man wankt zwischen Offenbarung und Schweigen, da die Zielperson in festen Händen ist. Es ist ein Auf uns Ab der Gefühle. Wenn man dann allein zu Hause ist, weint man, da einen die Gesamtsituation betrübt.

Ganz allgemein gesagt, sind Tränen der sichtbare Ausdruck von Gefühlen, die wir nicht in Worte fassen können. Bei manchen Menschen reicht eine traurige Filmszene, dass er weint. Jeder Mensch ist halt anders, aber geweint hat bestimmt schon jeder von uns einmal, aus welchem Grund auch immer. Hier kann ich nun nur für mich reden. Ich habe schon häufiger in meinem Leben geweint. Gründe dafür waren sicher der Tod meiner Mutter und meines Vaters, denen ich danke. Ohne sie würde es mich nicht geben. Die Liebe ist ein weiterer Grund für Tränen bei mir gewesen. Es gibt das Sprichwort »Ein Indianer kennt keinen Schmerz!«. Abgeleitet heißt dies: »Männer weinen nicht!«. Das sehe ich anders. Weinen ist kein Ausdruck von Schwäche. Es zeigt vielmehr, wie viel ein Mensch noch fühlen kann. Ich persönlich bereue keine Träne, die ich geweint habe, da ich weiß, warum und für wen ich sie weinte. Dies muss aber jeder für sich entscheiden, ob er zu seinen Tränen steht. Mancher hat davor Angst, dann als »Memme« zu gelten. Man sollte aber zu sich und seinen Gefühlen stehen.

11. Neid und Egoismus

Auf der Erde wohnen Menschen. Von Mensch leitet sich das Wort Menschlichkeit ab. Dies Wort scheint in der heutigen Zeit aber mehr und mehr in Vergessenheit zu geraten. Mehr denn je sind unsere Gedanken von Neid und Egoismus geprägt. Jeder denkt nur an sich. In einer Zeit von Arbeitslosigkeit, Macht- und Besitzdenken denkt jeder nur an seinen Profit und Vorteil. Man fragt nicht »Wie kann ich dir helfen? Was kann ich tun?«, sondern »Was habe ich davon? Was bekomme ich dafür, wenn ich dir helfe?«. Mann versucht aus allem, einen Nutzen für sich zu ziehen. Neid und Egoismus lassen den Menschen vereinsamen. Andere Menschen wollen mit diesen Personen, Angebern oder Leuten, die eingebildet und arrogant ihren Besitz und Reichtum zur Schau stellen, nichts zu tun haben. Sie meiden diese Personen. Bei manchen Leuten geht die Isolation, an der sie selbst dann Schuld sind, so weit, dass sie niemanden in ihre Wohnung lassen. Sie wollen nicht, dass jemand weiß, was sie besitzen und wie sie leben. Die andere Person könnte ja mehr Wohlstand haben, als man selbst. Man hat Angst, dass man negativem Gerede ausgesetzt ist. Umgekehrt macht dies andere Leute neugierig. Sie wollen diese Person besuchen, um eben zu erfahren, was sie hat und wie sie lebt. Manche Menschen versuchen sich, gegenseitig zu übertreffen. Das beginnt schon im engsten Umkreis. Wenn der Nachbar ein neues, größeres Auto hat, dann muss man selbst, vom Neid getrieben, auch eines haben. Einige gehen soweit, dass sie sich dafür sogar verschulden. Solche Leute neiden anderen Besitz und Erfolg. Sie fragen sich: »Warum hat der was, was ich nicht habe?«.

In der heutigen Zeit klafft die Schere zwischen reichen und armen Leuten immer weiter auseinander. Es fällt jedoch eines auf: wer viel hat, der will immer mehr und ist neidisch auf Leute, die reicher sind. Ärmere Menschen sind da zufriedener. Sie freuen sich über das, was sie besitzen. Diese Leute sind auch eher bereit, sich gegenseitig zu helfen und zu teilen. Geld und Reichtum kann einen Menschen sehr verändern. Es kann dazu führen, dass man, durch sein verändertes Verhalten und Auftreten, Freunde und Bekannte verliert. Dies ist jener Person aber egal, da sie sich plötzlich für etwas besseres, als die Freunde/ Bekannten hält. Geld und Reichtum kann aber auch sehr vergänglich sein, was viele vergessen. Dies liegt an jeder Person selbst, die durch ihr Verhalten selbst dafür sorgt. Das Leben schreibt genug Geschichten, die dies beweisen. Ein schönes Beispiel sind Lotto- Millionäre, die nicht mit ihrem plötzlichen Reichtum klar kommen und nach kurzer Zeit weniger haben, als vor dem unerwarteten Gewinn. Die Person will sich auf einmal alles gönnen, was sie sich bisher nicht leisten konnte und gibt das Geld mit vollen Händen aus oder wirft angeberisch damit um sich. Neid und Egoismus führen dazu, dass sich auf einmal Menschen »Freunde« nennen und melden, die einen sonst gemieden haben. Die hoffen, am Erfolg teilzuhaben und etwas für sich abzubekommen. Hat jene Person ihren Reichtum dann aber aufgebraucht, wird man sie, wie zuvor, nicht mehr kennen und sich von ihr distanzieren.

Umgekehrt gibt es auch die Neureichen, die ihre bisherigen Freunde und Bekannten nicht mehr kennen, da sie sich nun für etwas besseres halten. Sie sind es aber auch, die dann, wenn das Geld aufgebraucht ist, von den Menschen, die sie verprellt haben, Hilfe erhoffen. Es heißt: »Geld verdirbt den Charakter«. Ich denke, dass man dies nicht dementieren kann. Es führt dazu, dass man mitunter jeglichen Bezug zur Realität verliert. Plötzlicher Reichtum sollte uns aber auch vorsichtig machen. Es ruft mitunter die bösen Anlageberater auf den Plan, die uns sagen wollen, wie man das Geld sinnvoll anlegt. Auch diese werden von Neid und Egoismus, selbst das Geld zu besitzen, gesteuert. Sie wollen sich nur selbst bereichern. Die betroffene Person merkt es nicht, da ihr durch Überheblichkeit und Arroganz jegliches rationales Denken verloren ging. Sie erkennt es erst, wenn es zu spät ist. Natürlich gibt sie es dann nicht zu, da sie sich dafür schämt, dass es ihr passiert ist und sie es nicht gemerkt hat.

Dieser Punkt macht allerdings alle Menschen gleich. Selbst prominente Personen (Sänger, Moderatoren) bleiben nicht verschont. Auch sie haben, wie viele Beispiele zeigen, viel Geld verloren. Dies kann durch falsche Beratung, aber auch durch das eigene Verhalten geschehen sein. Sie glauben, den Erfolg gepachtet zu haben und das es so weiter geht. Bleibt der Erfolg aber aus, haben wir wieder das Erwachen aus einer Traumwelt, dass eine Leere und innerliche Wunden zurücklässt. Das tut weh. Es zeigt aber auch, dass kein Mensch davor geschützt ist, »abzuheben«: Prominente, wie »der einfache Mann«. Es zeigt eigentlich, wie labil Menschen sein können, egal, wie stark und selbstbewusst sie sich zeigen und auftreten.

Ich weiß nicht, wie ich mit plötzlichem Reichtum umgehen würde. Dies erfährt wohl jeder erst dann, wenn er in dieser Situation ist. Dies gilt aber auch in einem anderen Punkt. Neid entsteht auch im Punkt Liebe. Es ist der Neid, dass ein anderer Mensch das Leben an der Seite einer Person verbringt, die man gern für sich gewinnen möchte. Dies zeigt, worauf Menschen alles neidisch sein können. Erfolg, Reichtum, Liebe. Dabei sollten wir eins aber nicht vergessen: der Erfolg, was wir aus unserem Leben machen, liegt allein in unserer Hand. Dafür können wir nie andere Personen verantwortlich machen. Niemand kann für unsere Fehler verantwortlich sein- nur wir selbst. Um sich aber keine Fehler einzugestehen, gibt man dies nicht zu. Man versucht, sein Verhalten zu rechtfertigen und sucht die Fehler bei anderen Menschen, obwohl man weiß, dass man sich dadurch nur selbst belügt. Da ist wieder eine vorhandene Wirklichkeitsflucht zu verzeichnen.

Egoismus und Neid können uns negativ beeinflussen. »Was ich nicht habe, darf auch kein Anderer haben.«, ist ein Extrem- Beispiel, gerade in der Liebe. Da zerfrisst uns dann sprichwörtlich der Neid. Warum soll jemand glücklicher sein, als ich- vor allem, mit der Person, die er gern für sich gewinnen möchte? Dies zeigt, dass uns Neid und Egoismus leiten – hauptsache, niemand ist glücklicher, als wir selbst. Kann das aber richtig sein? Meine Meinung: natürlich nicht! Man müsste sich eine »Niederlage« eingestehen. Wer »verliert« aber gern? Die Blöße würde sich niemand gern geben. Grundsätzlich heißt dies, dass uns Neid und Egoismus leiten und uns verändern, was sehr bedauerlich ist.

Schlusswort

Wie ich bereits in der Einleitung andeutete, kann der Versuch, den Menschen zu deuten und zu erörtern, allein durch die Absicht zum Scheitern verurteilt sein. Auch kann es für den neutralen Betrachter so sein, dass einige Themen zu ausführlich, zu kurz oder gar nicht angesprochen wurden. Dies liegt im Ermessen und der Schwerpunktlegung meiner Leser(innen). Ich habe beim Niederschreiben dieser Punkte eines erreicht: ich habe zu mir selbst gefunden, mich selbst verstanden und erreicht, mich selbst zu erkennen.

Die Menschen, die mein Buch einmal lesen, werden über manche meiner Gedanken vielleicht anders denken. Sie akzeptieren meine Argumente nicht. Jeder sollte sich, zu jedem Thema, seine eigene Meinung bilden. Ich bin für mich, nach reifer Überlegung, zu der Einsicht gekommen, dass ich, wenn ich mit Mitmenschen nicht zurechtkomme, auch die Fehler bei mir selbst suchen muss. Dies gesteht sich aber niemand ein. An seiner persönlichen Lage ist niemand anders – meist – schuld, als er selbst. Das sollten wir nicht vergessen. Nur so, mit dieser Einsicht, kann man sein eigenes Leben positiv verändern. Es liegt an jedem von uns selbst. Mein Ziel war es, in diesem Buch Denkanstöße zu bieten. Ich möchte zum Nachdenken anregen. Wenn man sich seine Gedanken macht, kann man bewusster auf Situationen, in die man gerät, reagieren. Gedankenlose Reaktionen führen oft dazu, dass man Fehler macht, die man später einmal bereut.

Wie im 1. Satz des 1. Kapitels gesagt, sind Menschen Lebewesen, mit der Fähigkeit, zu denken. Leider gibt es zu viele, die von dieser Gabe kaum bis gar keinen Gebrauch machen. Wenn mein Buch dazu beiträgt, dass sich dies ändert, wäre ich sehr erfreut. Ich habe viele Beispiele aufgezählt, wo ein Umdenken wünschenswert, manchmal sogar absolut erforderlich ist. In einigen Punkten kann und darf es nämlich nicht so weitergehen, wie bisher. Ein Umdenken, schon ein Nachdenken, führt uns einen kleinen Schritt näher aufeinander zu. Dem ersten Schritt folgt ein weiterer, bis eine Kette von Schritten entsteht, an deren Ende wir alle jeden als Menschen sehen und akzeptieren. Es ist möglich, wenn wir es wollen und jeder seinen Beitrag dazu leistet. Vielleicht erreichen wir dann das große Ziel, in einer Welt voller Menschlichkeit in Frieden und Freundschaft zu leben. Ich bin dazu bereit, den Anfang zu machen. Jeder möchte menschlich behandelt werden. Dann sollten wir auch jeden menschlich behandeln. Man kann nur das für sich einfordern, was man auch bereit ist, zu geben. Das sollten wir immer bedenken. Ich bedanke mich bei allen Leserinnen und Lesern und wünsche ihnen alles erdenklich Gute für ihre private und berufliche Zukunft in einer Welt voller Menschlichkeit, in der sich alle Träume und Wünsche erfüllen lassen.

Harald Bischof